Der heilige Krieg von Putin und Kyrill

Der religiöse Faktor im russisch-ukrainischen Konflikt

Massimo Rubboli

Vorwort von
Paolo Naso

VTR

Bibliographische Information der Deutschen Bibliothek
Die Deutsche Bibliothek verzeichnet diese Publikation in der Deutschen
Nationalbibliographie; detaillierte bibliographische Daten sind im Internet
über http://dnb.ddb.de abrufbar.

ISBN 978-3-95776-153-8

Originaltitel:
La guerra santa di Putin e Kirill: Il fattore religioso nel conflitto russo-ucraino,
© Edizioni GBU, 2022,
ISBN 978-88-32049-46-6 (Paperback) / 978-88-32049-47-3 (E-Book)
Alle Rechte vorbehalten.

Übersetzung aus dem Italienischen: Thomas Mayer

Abbildungen auf dem Umschlag:
Oben: Metropolit Kyrill bei der Verleihung des Verdienstordens für das
Vaterland II. Klasse vom russischen Staatspräsidenten Wladimir Putin
am 21. Dezember 2006 in Moskau:
© www.kremlin.ru (Wikimedia Commons)

Links: Das Dorf Jakowliwka im ukrainischen Bezirk Charkiw nach einem
Luftangriff während des russischen Einmarsches in die Ukraine.
© State Emergency Service of Ukraine (Wikimedia Commons)

Rechts: Haus in der Siedlung Borodianka (Gebiet Kiew, Ukraine)
nach russischem Beschuss während der russischen Invasion in der
Ukraine 2022.
© armyinform.com.ua (Wikimedia Commons)

Mitte: Bild von press 👍 and ⭐ auf Pixabay.

Die Bibelstellen sind der Luther-Übersetzung 2017 entnommen:
© 2016, Deutsche Bibelgesellschaft, Stuttgart.

© 2022
VTR, Gogolstr. 33, 90475 Nürnberg, Germany
http://www.vtr-online.com

Inhalt

Vorwort
Paolo Naso 5

Der heilige Krieg von Putin und Kyrill:
Der religiöse Faktor im russisch-ukrainischen Konflikt
Massimo Rubboli 11

Dokumente.. 39

Vorwort

Paolo Naso[1]

Der religiöse Faktor bestimmt die Geopolitik des 21. Jahrhunderts. Diese These liegt diesem neuen Buch von Massimo Rubboli zugrunde, das sich mit der Rolle der Russisch-Orthodoxen Kirche und ihres Patriarchen Kyrill zur Unterstützung des Krieges befasst, den Wladimir Putin gegen die Ukraine losgetreten hat.

Die These ist beunruhigend, aber nicht überraschend. Spätestens seit den 1980er Jahren befindet sich das klassische Weber'sche Paradigma des Säkularisierungsfortschritts in der Krise, nämlich die Vorstellung, dass die Moderne die Religion nach und nach bis an einen Punkt gebracht hat, an dem sie sowohl aus dem kollektiven Empfinden als auch aus dem gesellschaftlichen Leben und dem öffentlichen Raum verdrängt worden wäre. Soziologen, Philosophen und sogar Theologen erklärten, dass wir uns immer mehr und beschleunigt auf eine Moderne zubewegen, die mit der Zeit das Ende der Religion verkünden würde oder dass man sich an sie allenfalls als eine bestimmte Phase der Zivilisation erinnert. Nietzsches Hinweis auf den „Tod Gottes" und der eindeutige Rückgang der religiösen Praxis führten zu einer Reihe düsterer Prophezeiungen wie „L'Éclipse du sacré" (Alain de Benoist, mit Thomas Molnar, dt.: Die Verfinsterung des Heiligen) oder „Stadt ohne Gott?" (Harvey Cox). Die Prophezeiungen erfüllten sich aber nicht. Die theokratische Revolution im Iran 1979 und der Einzug eines christlichen „Wiedergeborenen" ins Weiße Haus im darauffolgenden Jahr, der von einer Vielzahl von Fernsehpredigern unterstützt wurde, machten deutlich, dass der „religiöse Faktor" noch immer in der Lage ist, das Verhalten und langfristige politische Ent-

---

[1] Paolo Naso lehrt Politikwissenschaft an der Universität La Sapienza in Rom. Er koordiniert die „Commissione Studi Dialogo Integrazione" des Evangelischen Kirchenbundes in Italien („Federazione delle chiese evangeliche in Italia"). Er ist Mitglied des wissenschaftlichen Ausschusses des „Internationalen Forums für Demokratie und Religionen" („Forum internazionale democrazia e religioni") und Vorsitzender des „Rates für die Beziehungen zum Islam" („Consiglio per le relazioni con l'Islam") im Innenministerium Italiens.

scheidungen zu beeinflussen. Rückblickend muss man zugeben, dass ein Großteil der Theorie der Säkularisation ein Irrtum war, der zudem auf den kleinen europäischen Bereich beschränkt war: Der Niedergang der kommunistischen Ideologie im Osten des Kontinents einerseits und der Zusammenbruch des religiösen Lebens im Westen andererseits ließen einen bevorstehenden Zusammenbruch der Religion und ihres gemeinschaftlichen und öffentlichen Aspektes vermuten, der jedoch nie eintrat. Es hätte genügt, einen Blick auf die Vereinigten Staaten, Lateinamerika, Afrika und einige Regionen Asiens zu werfen, um ein ganz anderes Szenario starker und weit verbreiteter religiöser Aufbrüche zu erkennen: Die evangelikale Missionierung in Lateinamerika und Afrika oder die Medienerfolge von Papst Johannes Paul II. waren deutliche Anzeichen dafür, dass die Maschinerie der Säkularisierung ins Stocken geraten war. Wenn wir unseren Blick auf den Nahen Osten richten, können wir einen bedeutenden Wandel bei den vorherrschenden politischen Akteuren feststellen: Die alte Garde des säkularen Zionismus weicht den Gruppen der jüdischen religiösen Rechten, die einen Prozess der Kolonisierung des Westjordanlands und sogar des Gazastreifens einleiten, der jeden Versuch, Frieden zu schaffen, erheblich beeinträchtigen wird. Auf der anderen Seite zeigte sich der Säkularismus des „Arabischen Sozialismus" als in sich zerbrechlich, und als die Rhetorik, die ihn stützte, versagte, wich sie der Propaganda und den militärischen Aktionen islamistischer Gruppen. Gott war zurück in der Öffentlichkeit, in den blasphemischen Bildern der Nationalisten, Paramilitärs und Fundamentalisten, die gegen die Moderne, den Säkularismus von Staaten, die Rechte der Frauen und die Werte des Pluralismus kämpfen.

Dass es sich um ein weltweites und religionsübergreifendes Phänomen handelte, wird durch die Tatsache bestätigt, dass er keine geografischen oder konfessionellen Grenzen kannte: Von der religiösen Rechten in den USA erreichte er den Hindu-Nationalismus in Indien und die jüdischen Nationalisten von Gush Emunim in Israel und Hamas in Palästina. In Nordirland bestätigte der anhaltende Konflikt zwischen „protestantischen Unionisten" auf der einen und „katholischen Nationalisten" auf der anderen Seite, dass die Zeit der „Religionskriege" noch nicht vorbei ist. Und die Kriege auf dem Balkan zu Beginn der 1990er Jahre haben uns das Ausmaß einer Verflechtung von Nationalismus und religiöser Identität vor Augen geführt, die, wenn nicht eine Entflechtung, so doch zumindest die Neudefinition des Paradigmas der Säkularisierung erforderte.

Die Moderne hat die religiösen Wesenszüge von Konflikten nicht beseitigt, die zwar politischer Natur waren, sich aber nicht von konfessioneller Rhetorik und Symbolik lösen konnten. In einer Zeit der ideologischen Verwirrung, die durch das Ende der großen, auf Veränderung ausgerichteten Ideologien – allen voran des Kommunismus – verursacht wurde, werden religiöse Identitäten als Quelle wiederentdeckt, in die man auch auf politischer Ebene investieren kann.

Das Wiederaufleben der Religion, das wir allgemein auf das Jahr 1979 datieren können, hat in der Tat ein besonderes Charakteristikum, das es von anderen, ähnlichen spirituellen Erfahrungen unterscheidet: Statt auf den Himmel blickt sie nämlich auf die Erde; statt vom Geist wird sie von der Materie bewegt; statt auf himmlischen Frieden zielt sie auf irdische Macht. Kurz gesagt, sie enthält in der Form eines religiösen Prozesses eine eminent politische Substanz. Dies wird durch die Bilder des Angriffs der Trump'schen Avantgarde auf das Kapitol am 6. Januar 2020 bestätigt. Wenn man sich die Bilder noch einmal ansieht, ist es nicht schwer, die Abzeichen verschiedener Gruppen der religiösen Rechten zu erkennen, die von Trumps Propaganda benutzt werden. Dieselben haben in den Tagen zuvor unter dem Motto „Let the Church ROAR" die „Jericho-Märsche" organisiert. Der Hinweis bezieht sich auf den biblischen Text von Josua, der dank Gottes Hilfe die Mauern der Stadt einstürzen sieht und schließlich siegreich einmarschieren kann. Donald Trumps persönliche Geschichte, die kaum ein Musterbeispiel für evangelikale Tugend und Frömmigkeit ist, hat ihn nicht daran gehindert, einen großen Teil der „Wahlstimmen Gottes" zu gewinnen, d. h. des Teils der amerikanischen Wählerschaft, der am stärksten religiös geprägt ist.

Die politische Dimension des religiösen Aufbruchs kommt auch in Europa zum Ausdruck: Orbán, der ungarische Ministerpräsident, der mit dem Bau der „Mauer" begonnen hat, mit der er die Einreise von Migranten verhindern will, bekennt sich öffentlich zu seinem reformierten Glauben. Das gleiche geschieht in Polen mit Präsident Morawiecki, der keinen Hehl aus seiner „konfessionalistischen" Absicht macht, d.h. die katholische Identität seines Landes auch rechtlich zu festigen. Und etwas plumper: In Italien haben Politiker Rosenkränze geschwenkt und Weihnachtskrippen gebaut, um der zunehmend multireligiösen und interkulturellen Dimension unserer Gesellschaft entgegenzuwirken.

Kurz gesagt, die Religion scheint ein lohnender politischer Faktor zu sein, der in der Lage ist, Zustimmung zu schaffen und einen Horizont zu umreißen, an dem sich das Handeln ausrichten kann. Und natürlich hat die Relevanz des „religiösen Faktors" auf nationaler Ebene auch Auswirkungen auf die internationale Ebene und wird so zu einem Element für die geopolitischen Ordnung.

Rubboli erklärt das in diesem Buch sehr gut, indem er die Berührungspunkte zwischen dem religiösen Handeln von Patriarch Kyrill und den strategischen Plänen von Wladimir Putin aufzeigt. Es ist wie ein Rückschritt in den Cäsaropapismus, aber uns erscheint es eher wie ein Schritt in die Gegenwart einer Postmoderne ohne Zukunft, ohne Gravitationszentren, unfähig sich an die europäische Geschichte zu erinnern.

Als die ersten Risse im Säkularisierungsparadigma auftraten, fehlte es nicht an Genugtuung einiger Teile der Kirchen und Glaubensgemeinschaften, dass eine dunkle Zeit zu Ende gegangen war und ein neuer Frühling des Glaubens begonnen hatte.

Die jüngste Geschichte hat nämlich eine viel komplexere und widersprüchlichere Entwicklung hervorgebracht: Die Rückgewinnung des Glaubens und der religiösen Tradition als Quelle für Frieden, Gerechtigkeit und Stabilität ist auch mit der Inanspruchnahme der eigenen konfessionellen Identität in einer exklusiven, nationalistischen und konfliktreichen Weise verbunden. Das neue Aufleben des „religiösen Faktors" hat paradoxerweise auch Tragisches wie politisch-religiösen Extremismus, Fundamentalismus und konfessionelle Gräben hervorgebracht.

Der auf diesen Seiten vorgestellte russische Fall veranschaulicht dies in hervorragender Weise. Die Blütezeit des nationalen Christentums nach dem Zusammenbruch des Kommunismus währte nur kurz, und in den Jahren des Putinismus ist es wieder eine sichere Verbindung mit dem Regime eingegangen. Es beruhigt den Patriarchen der größten christlichen Kirche Europas und stärkt gleichzeitig den Autokraten, der den Segen für sein Kriegsabenteuer zur Rückeroberung des imperialen Russlands braucht. Für beide Seiten lohnt es sich, aber für die Ukrainer (einschließlich der Orthodoxen!) ist es eine große und unvergessliche nationale Tragödie.

Dieser Pakt zwischen Putin und Kyrill wird langfristige Auswirkungen haben. Dazu gehört – auch wenn es angesichts der Bomben weniger relevant erscheint – das Ende der Ökumene. Wir wollen damit nicht sagen, dass es von nun an keinen Dialog und keine Gesten der Brüderlichkeit mehr zwischen den verschiedenen Teilen der christlichen Ökumene geben wird. Weit gefehlt. Wir stellen uns vielmehr vor, dass sich die Gläubigen aller Traditionen angesichts der Herausforderung des Friedens und des Wiederaufbaus in einer konzertierten Anstrengung zusammenschließen werden. Doch auf den gewohnheitsmäßigen gemeinsamen Fotos wird es eine auffallende und störende Lücke geben: der Patriarch, der an der Spitze einer Kirche mit fast sechzig Millionen Mitgliedern steht und der sich 2022 auf die Seite eines souveränen und in vielerlei Hinsicht „brüderlichen" Staates stellt und dessen Aggression segnet. In seiner antimodernistischen und antiwestlichen Besessenheit – man erinnere sich an seine vernichtenden Worte gegen die Perversion der Schwulenparaden – hat der Patriarch von Moskau seine Verbindungen zur ökumenischen Welt des Friedens, der Gerechtigkeit und der Menschenrechte gekappt. Es ist kein umkehrbarer Schritt, aber nach diesem Auftritt wird die Ökumene sicherlich nicht mehr dieselbe sein.

Der heilige Krieg von Putin und Kyrill

Der religiöse Faktor
im russisch-ukrainischen Konflikt

Massimo Rubboli

Die Live-Bilder des russischen Einmarsches in die Ukraine waren so dramatisch, dass sie unsere ganze Aufmerksamkeit auf die Panzer der russischen Armee zogen, die Menschen und Gegenstände überrollten und die völkerrechtlichen Grundsätze und das Selbstbestimmungsrecht der Völker mit Füßen traten. Diese Bilder haben andere Aspekte dieses Krieges überschattet, wie Waffenlieferungen an die Russische Föderation, die gegen das vom Europäischen Rat nach der Invasion der Krim beschlossene Embargo verstoßen, oder die Gewalt gegen Frauen, was an die ethnischen Vergewaltigungen der serbischen paramilitärischen Milizen in Bosnien erinnert. Ein Aspekt, der in den Kommentaren nur am Rande erwähnt wurde, ist die religiöse Dimension, insbesondere im Zusammenhang mit der christlichen Mehrheitstradition, der Orthodoxie[1], mit der sich 71% der Russen und 78% der Ukrainer identifizieren. Das orthodoxe Christentum ist daher für beide Völker ein kultureller Faktor, der nicht ignoriert werden darf, sondern in seiner ganzen Komplexität betrachtet werden muss, ohne die Präsenz der ukrainischen griechisch-katholischen Kirche, die 1596 gegründet und 1990 von Gorbatschow offiziell anerkannt wurde, sowie einiger protestantischer und evangelikaler Minderheiten zu vergessen.

Wladimir Michailowitsch Gundjajew und Wladimir Wladimirowitsch Putin, beide in St. Petersburg geboren, haben sich höchstwahrscheinlich kennengelernt, als sie – in unterschiedlichen Funktionen – in den Diensten des KGB standen, und haben im Laufe der Jahre eine pragmatische Zusammenarbeit entwickelt, die auf einer ge-

---

[1] Ihre Ursprünge gehen auf das Jahr 988 zurück, als der Großfürst Wladimir, der von 980 bis 1015 über die Kiewer Rus' herrschte, zum Christentum konvertierte. Im Jahr 988 wurde Wladimir von Missionaren aus Konstantinopel, der damaligen Hauptstadt des Byzantinischen Reiches, getauft.

meinsamen Vision von Russlands Zukunft beruht: der zentralen Rolle Moskaus bei der Wiederherstellung der politischen und religiösen Macht des russischen Reiches.

Ideologie, Nationalismus und Religion

Die Ideologie, die der Außenpolitik Putins zugrunde liegt, ist ein kultureller und sprachlicher Ethnonationalismus (den sich auch andere Autokraten zu eigen gemacht haben), der tief in der russischen Geschichte verwurzelt ist: Die Vorstellung, dass Russland eine eigene Zivilisation sei, die sich von der westlichen Welt unterscheidet, mit der es in Konkurrenz steht, geht auf die Ursprünge des orthodoxen Christentums und die Vorstellung von Moskau als „drittem Rom" zurück, ein Mythos, der nach der osmanischen Eroberung von Konstantinopel im Jahr 1453 entstand.

Am 21. Februar 2022 sagte Putin in einer langen, im Fernsehen übertragenen Ansprache an die Nation[2], dass die Ukraine keine echte Nation sei, weil sie von den Bolschewiken erfunden wurde, und dass die Ukrainer kein echtes Volk seien, sondern Russen und Teil einer slawischen Welt, zu der auch Weißrussland gehöre. Nach Ansicht des russischen Präsidenten hätten die Ukrainer nach der Auflösung der Sowjetunion nicht unabhängig werden dürfen, und daher sei der Einmarsch in die Ukraine ein Krieg zur Wiederangliederung eines zu Unrecht von Russland abgetrennten Gebiets.

Timothy Snyder, Historiker an der Universität Yale, hat den umstrittenen Philosophen Iwan Iljin (1883–1954) als Inspirationsquelle für die besondere Form des „christlichen Faschismus" ausgemacht, der einen totalitären Staat als Rettung vor den Angriffen des Westens vorschlug[3]. Laut Snyder trugen Iljins geopolitische Theorien zur Ent-

---

[2] Ansprache des Präsidenten der Russischen Föderation am 21. Februar 2022, https://www.en.kremlin.ru/events/president/news/67828 (25/3/2022).

[3] Timothy Snyder, Ivan Ilyin, Putin's Philosopher of Russian Fascism, „New York Review of Books", 16. März 2018, https://www.nybooks.com/daily/ 2018/03/16/ivan-ilyin-putins-philosopher-of-russian-fascism (13/10/2021); siehe auch Anton Barbashin e Hannah Thoburn, Putin's Philosopher. Ivan Ilyin and the Ideology of Moscow's Rule, „Foreign Affairs", 20. September 2015, https://www.foreignaffairs.com/articles/russian-federation/2015-09-20/putins-philosopher (13/10/2021).

wicklung der russischen Außenpolitik bei, deren Ziel die Kontrolle des eurasischen Kontinents sei. Was das aktuelle Szenario anbelangt, so stellte die Ukraine in Iljins Vision ein wichtiges Konfrontationsgebiet zwischen Russland und dem Westen dar.

Auch Aleksandr Dugin, der das Konzept des „Eurasianismus"[4] als Gegenmittel gegen den europäischen Einfluss und als Voraussetzung für eine neonationalistische Vision von Russlands Schicksal als konservatives Imperium in ständigem Konflikt mit dem liberalen Westen verwendete, soll einen wichtigen Einfluss auf Putin gehabt haben. Dugin erklärte, dass „wir erst dann ein glaubwürdiger globaler Akteur werden können, wenn wir Großrussland, d.h. die Eurasische Union, gegründet haben"[5].

Die Position der Russisch-Orthodoxen Kirche, die in den Artikeln und Reden ihres Primas und anderer kirchlicher Leitungsgremien zum Ausdruck kommt, deckt sich nicht immer mit der der russisch-orthodoxen Organisationen. Was die neonationalistische Ideologie betrifft, so hat sich die Kirche nach dem Zusammenbruch der Sowjetunion schrittweise dem Staat angenähert, dabei aber eine gewisse Autonomie bewahrt, wie aus den „Grundlagen der Soziallehre der Russischen Orthodoxen Kirche" hervorgeht, einem Dokument, das von einer Gruppe maßgeblicher Vertreter des orthodoxen Episkopats und Laienexperten unter der Leitung des damaligen Metropoliten von Smolensk und Kaliningrad, Kyrill, erarbeitet und vom Bischofsrat im August 2000 in Moskau angenommen wurde[6]. In diesem Dokument (Dokument 1) wird die Möglichkeit des zivilen Ungehorsams anerkannt:

> Wenn die staatliche Macht die orthodoxen Gläubigen zur Abkehr von Christus und Seiner Kirche sowie zu sündhaften, der Seele abträglichen Taten nötigt, so muß die Kirche dem Staat

---

[4] Zum Eurasianismus als politische Doktrin siehe Paolo Pizzolo, Eurasianism: An Ideology for the Multipolar World, Rowman & Littlefield, Lanham 2020.

[5] Zit. in Anton Barbashin und Hannah Thoburn, Putin's Brain. Alexander Dugin and the Philosophy behind Putin's Invasion of Crimea, „Foreign Affairs", 31. März 2014, https://www.foreignaffairs.com/articles/russia-fsu/2014-03-31/putins-brain (13/10/2021); über Dugin, siehe auch Charles Clover, Black Wind, White Snow: The Rise of Russia's New Nationalism, Yale University Press, New Haven, CT 2016.

[6] Eine deutsche Übersetzung wurde von der Konrad-Adenauer-Stiftung veröffentlicht: https://www.unifr.ch/orthodoxia/de/assets/public/Lehre/HS2020%20-%20Ostkirchen-D/Sozialkonzeption_2000.pdf (27/4/2022).

den Gehorsam verweigern. Der Christ, der dem Gebot des Gewissens folgt, braucht dem staatlichen Befehl, der zur schweren Sünde nötigt, nicht nachzukommen. Wenn es unmöglich ist, den staatlichen Gesetzen und den Anordnungen von Seiten der kirchlichen Vollmacht zu gehorchen, ist die Kirchenleitung berechtigt, zur gebührenden Untersuchung der Frage folgende Maßnahmen zu ergreifen: […] Appell an die internationalen Institutionen sowie die internationale öffentliche Meinung, des weiteren an ihre Kinder, gewaltlosen zivilen Widerstand zu leisten. (III, 5; cfr. IV, 9)

Gleichzeitig können nationale Gefühle sündhafte Erscheinungen verursachen, z.B. aggressiven Nationalismus, […] Nicht selten führen diese Phänomene in ihrer äußersten Ausprägung zur Einschränkung der Rechte der Person und der Völker, zu Krieg und anderen Erscheinungsformen von Gewalt (II, 4).

In der postsowjetischen Ära hat es nicht an Konflikten zwischen der Kirche und der Russischen Föderation gefehlt, wie im Fall von Abchasien und Südossetien, deren Unabhängigkeit von Russland am 26. August 2008 anerkannt wurde, während die Kirche weiterhin darauf besteht, dass sie zum kanonischen Gebiet der Georgisch-Orthodoxen Kirche gehören. Die Beziehungen verbesserten sich allmählich mit der Inthronisierung von Kyrill, der am 3. November 2009 auf der dritten „Versammlung der russischen Welt" begann, über die „russische Welt" aus kirchlicher Sicht zu sprechen, wobei er eine möglichst weite Auslegung der verschiedenen Begriffe („russische Kirche", „russische Kultur" und „russische Sprache") vorschlug und über eine rein ethnische Auffassung der russischen Kirche hinausging:

Wir müssen uns der Einzigartigkeit des russischen Lebensstils noch deutlicher bewusst werden und ihn nicht nur in den Ländern nachzeichnen, in denen die russische Kultur vorherrscht, sondern auch weit über seine Grenzen hinaus bezeugen, insbesondere unter den Bedingungen der geistigen und moralischen Krise der heutigen menschlichen Zivilisation.[7]

---

[7] Zit. in Anastasia Mitrofanova, „Russian ethnic nationalism and religion today", in Helge Blakkisrud und Pål Kolstø, The New Russian Nationalism: Imperialism, Ethnicity and Authoritarianism, 2000-15, Edinburgh University Press, Edinburgh 2016, S. 115.

Für Kyrill ist die russisch-orthodoxe Zivilisation nicht so sehr wegen ihrer Einzigartigkeit wichtig, sondern wegen der Universalität ihrer Werte und Prinzipien, die über die geografischen Grenzen der „russischen Welt" hinausgehen. Dieses Konzept wurde von Kyrill 2013 in einer Rede vor dem Russischen Weltvolksrat bekräftigt: „Der Wert jeder Zivilisation besteht darin, was sie der Menschheit bringt [...]. Als Land und als Zivilisation hat Russland der Welt etwas zu bieten"[8].

Gleichzeitig verfolgte Kyrill auch den Weg einer fortschreitenden Übernahme eines offiziellen Status in Bezug auf die Rolle der Russisch-Orthodoxen Kirche, mit einer zunehmend konstanten Präsenz bei staatlichen Zeremonien und einer immer engeren Zusammenarbeit mit staatlichen Stellen.

Kirche und Staat

In den letzten zwei Jahrzehnten hat sich die Stellung der Russisch-Orthodoxen Kirche grundlegend verändert, was dazu geführt hat, dass sie eine immer wichtigere Rolle im öffentlichen Leben spielt und einen großen Einfluss auf die russische Gesellschaft ausübt. Der Wandel – von der Ablehnung der Einmischung der Kirche in politische Angelegenheiten durch Alexius II., Patriarch von Moskau und ganz Russland, bis zur immer engeren Zusammenarbeit mit dem Staat durch den im Januar 2009 inthronisierten Patriarchen Kyrill I. – verlief nicht linear, aber das Ergebnis ist eindeutig.

Kyrill nahm nämlich die Aufforderung an, die „Zusammenarbeit der Kirche mit dem Staat und der Zivilgesellschaft, auch auf dem Gebiet der Rechtsverbesserung" zu verstärken, die Alexius einige Monate vor seinem Tod an den Bischofsrat gerichtet hatte[9]. Unter seiner tatkräftigen Führung ist die Russisch-Orthodoxe Kirche zu einem der wichtigsten Verbündeten und Unterstützer der russischen Regierung und insbesondere ihrer patriotischen Propaganda geworden und hat im Gegenzug die Anerkennung eines privilegierten Status erhalten. Der Patriarch ging sogar so weit, die Ära Putin als ein „Wunder Gottes" zu bezeichnen[10].[11]

---

[8] Ebd. S. 121.
[9] „Regno-attualità", Nr. 22 (2008), S. 733.
[10] Gleb Bryanski, Russian patriarch calls Putin era „miracle of God", 8. Februar 2012, Reuters, https://www.reuters.com/article/uk-russia-putin-religion-idUKTRE81722Y20120208 (15/10/2021).

sierung der patriotischen Erziehung stützt sich auf die Behauptung, dass die Kirche immer Christen gesegnet hat, die in einem „gerechten Krieg", d.h. zur Verteidigung des Vaterlandes, kämpfen; außerdem, wie Patriarch Kyrill erklärte, „opfert der Gläubige sein Leben leichter als der Ungläubige, weil er weiß, dass das menschliche Leben nicht mit dem Ende dieses Lebens endet"[20].

Die Legitimation des Krieges zur Verteidigung des „Mutterlandes", das mit Mütterchen Russland identifiziert wird, bringt die Unterstützung russischer Militäroperationen im Ausland mit sich, und die Zusammenarbeit zwischen Kirche und Staat betrifft auch die Außenpolitik außerhalb Europas (Dokument 2). So wurde beispielsweise die russische Intervention im syrischen Bürgerkrieg an der Seite von Präsident Baschar al-Assad von Kyrill als „historische Mission" in einem defensiven und daher gerechten Krieg verteidigt[21].

Heute steht sehr viel auf dem Spiel, denn der Krieg, den Putin begonnen hat, um den russischen Einfluss in der Region wieder geltend zu machen, ist auch ein Kampf um die Zukunft der russischen und der ukrainischen orthodoxen Kirche. Die russische Kirche hat keinen Hehl aus ihrem Bestreben gemacht, alle Kirchen unter dem Moskauer Patriarchat zu vereinen, um die Kontrolle über heilige orthodoxe Stätten wie das 1051 von den Mönchen Antonius und Theodosius gegründete Höhlenkloster zu erlangen, das über Kiew und Millionen von Gläubigen in der Ukraine thront.

Die Russisch-Orthodoxe Kirche zu Krieg und Frieden

Innerhalb der russischen Orthodoxie gibt es unterschiedliche Positionen zu Krieg und Frieden, aber diejenige, die sich am stärksten durchgesetzt hat, wird in dem bereits erwähnten Dokument „Grundlagen der Soziallehre" dargelegt[22]. Es spiegelt die Überlegungen eines seiner Hauptautoren, Kyrill, zu Fragen wie der Rolle der Kirche in der Gesellschaft, den Menschenrechten, den traditionellen Werten, Frieden und Krieg wider.

---

[20] Kirill, „The Patriarch's Address to the Attendants at the WWII Memorial" (11/09/2011), zit. in Gaziza Shakhanova und Petr Kratochvíl, The Patriotic Turn in Russia: Political Convergence of the Russian Orthodox Church and the State? „Politik und Religion", 15, 1 (2022), S. 125.

[21] Alicja Curanović, The Sense of Mission in Russian Foreign Policy: Destined for Greatness!, Routledge, New York 2021.

[22] Russische Orthodoxe Kirche, Grundlagen der Soziallehre, zit.

In den „Grundlagen" werden die Gemeinsamkeiten und Unterschiede zwischen den Positionen der Kirche und des Staates aufgezeigt. Unter den gemeinsamen Standpunkten „in der gegenwärtigen historischen Periode" wird „Friedensschaffung auf internationaler, interethnischer sowie bürgerlicher Ebene; Förderung der Verständigung und Zusammenarbeit zwischen Menschen, Völkern und Staaten" genannt. Die Bereiche der ausschließlichen Zuständigkeit des Staates, in die sich die Kirche nicht einmischen darf, werden im Folgenden aufgeführt: „Politischer Kampf, Wahlkampfwerbung, Kampagnen zur Unterstützung politischer Parteien, gesellschaftlicher sowie politischer Führungspersönlichkeiten, Führung eines Bürgerkriegs oder eines aggressiven äußeren Kriegs, unmittelbare Teilnahme an geheimdienstlich-aufklärerischer oder ähnlich gearteter Tätigkeit" (III, 8).

Auch in den „Grundlagen" wird der Krieg verurteilt, obwohl die Kirche ihren Mitgliedern erlauben kann: „Trotz der Erkenntnis des Krieges als Böses verbietet die Kirche ihren Kindern nicht, sich an Kampfhandlungen zu beteiligen, solange ihr Zweck die Verteidigung der Nächsten sowie die Wiederherstellung verletzter Gerechtigkeit ist. In solchen Fällen gilt der Krieg als unerwünschtes, allerdings unumgängliches Mittel." (VIII, 2).

Um den Frieden zu erhalten, ist die Kirche aufgerufen: „Zu diesem Zweck richtet sie ihr Wort an die Machthaber und die anderen einflußreichen Kräfte der Gesellschaft und unternimmt Anstrengungen, Verhandlungen zwischen einander bekämpfenden Seiten zu organisieren sowie den Notleidenden Hilfe zu leisten." (VIII, 5).

Seit dem 24. Februar 2022 hat Kyrill allgemeine Worte des Friedens geäußert, aber gleichzeitig den „Angriffskrieg" gegen die Ukraine gerechtfertigt und sich nicht an die Vorgaben der „Grundlagen" gehalten, die er selbst mit ausgearbeitet hatte[23].

Der „Cursus honorum" (Ämterlaufbahn) von Wladimir Michailowitsch Gundjajew

Wladimir Michailowitsch Gundjajew wurde am 20. November 1946 in Leningrad in eine Familie orthodoxer Priester geboren. Nach seinem Theologiestudium, zunächst in Leningrad und dann in St. Pe-

---

[23] Lorenzo Prezzi, Cirillo si contraddice?, „Settimana News", 9. März 2022, https://www.settimananews.it/ecumenismo-dialogo/cirillo-si-contraddice (10/3/2022).

tersburg, schlug er eine diplomatische Laufbahn ein, zunächst als Sekretär des Metropoliten Nikodemus von Leningrad, der die ökumenische Öffnung der Russisch-Orthodoxen Kirche gefördert hatte, und dann als offizieller Vertreter des Moskauer Patriarchats beim Ökumenischen Rat der Kirchen in Genf.

Von 1974 bis 1984 war er Rektor des Priesterseminars und der Theologischen Akademie in St. Petersburg. Ende 1984 wurde er zum Erzbischof von Smolensk und 1989 zum Administrator der Diözese Kaliningrad ernannt. Im November 1989 wurde er außerdem Präsident der Abteilung für ausländische religiöse Angelegenheiten des Moskauer Patriarchats und damit ständiges Mitglied der Heiligen Synode der Russisch-Orthodoxen Kirche. 1991 wurde er von Patriarch Alexis II. zum Metropoliten ernannt. Als Mitglied der Biblischen und Theologischen Kommission des Moskauer Patriarchats nahm Kyrill an den Vorbereitungen für das Bischofskonzil in Moskau im August 2000 teil.

Unmittelbar nach dem Tod von Patriarch Alexis II. am 5. Dezember 2008 wurde Kyrill von der Heiligen Synode der Russisch-Orthodoxen Kirche zum „Locum tenens" ernannt und knapp zwei Monate später mit 508 von 702 Stimmen zum Patriarchen von Moskau und ganz Russland gewählt[24].

Die offizielle Inthronisierung fand am 1. Februar 2009 in der Christ-Erlöser-Kathedrale statt, die im 19. Jahrhundert zur Feier der Niederlage der napoleonischen Armee erbaut wurde, in Anwesenheit von mehr als 4.000 Prälaten und Gläubigen, darunter Präsident Dmitri Medwedew und Premierminister Wladimir Putin.

Dank der Öffnung der KGB-Archive, die umfangreiche Unterlagen über die Beziehungen der Kirche zu den Sicherheitsdiensten des kommunistischen Sowjetregimes und ihre Abhängigkeit von diesen Diensten geliefert haben, konnte ein weiterer Aspekt seines Lebens beleuchtet werden. Die Prüfung der Dokumente hat das Gerücht bestätigt, dass der heutige Patriarch in den 1970er Jahren ein Agent – oder zumindest ein Informant – des KGB (Deckname „Mikhailov") war. Diese Rolle sollte nicht überraschen, denn „in der Sowjetära wurden alle Ernennungen für die höchsten religiösen Ämter – und viele andere niedrigere Positionen – vom KGB über den Rat für religiöse Angelegenheiten (das öffentliche Gesicht der 4. Abteilung der Direktion V

---

[24] Für diese und andere biografische Informationen siehe den Eintrag „Kyrill I.", Wikipedia, https://de.wikipedia.org/wiki/Kyrill_I. (27/4/2022).

des KGB) vorgenommen. Die Zusammenarbeit mit Kyrill war keine Ausnahme, denn fast alle Führer der offiziell anerkannten Religionen – einschließlich der Katholiken, der Baptisten, der Adventisten, der Georgisch-Orthodoxen und der armenischen Kirche sowie der Muslime – waren KGB-Agenten"[25].

Im Laufe seiner Karriere hat Kyrill viele Auszeichnungen erhalten, darunter auch den Ehrendoktor der Universität von Perugia, weil Seine Eminenz Kyrill, „eine herausragende Persönlichkeit der russischen Gesellschaft und Kultur", „sich immer für die Begegnung zwischen den christlichen Kirchen, für den Frieden und für den Respekt zwischen den Völkern eingesetzt hat", heißt es in der Begründung für die Verleihung.[26]

Das Orthodoxe Schisma von 2018

Die ultrakonservative Haltung des Moskauer Patriarchen in Bezug auf die Menschenrechte[27] hat ihn in Fragen, die die Ukraine und Westeuropa betreffen, oft in Konflikt mit dem Griechisch-Orthodoxen Patriarchen von Konstantinopel gebracht und ergänzt damit die zunehmend aggressive Außenpolitik Russlands gegenüber diesen Ländern.

Der Konflikt mit dem Ökumenischen Patriarchat von Konstantinopel, der auf die russische Besetzung der Krim im Jahr 2014 zurückgeht, führte Ende 2018 zu einem Bruch in den Beziehungen zwischen dem Moskauer Patriarchen und dem Ökumenischen Patriarchen Bartholomeos I., als das sogenannte Konzil der Versöhnung, das in der Hagia Sophia tagte, zu einer Wiedervereinigung zwischen der Ukrainischen Orthodoxen Kirche – dem Kiewer Patriarchat und der Ukrainischen Autokephalen Orthodoxen Kirche führte. Epifanius wurde zum Primas der neuen nationalen orthodoxen Kirche gewählt; am 6. Januar 2019 verlieh das Patriarchat von Konstantinopel dem ukraini-

---

[25] Felix Corley, The Mikhailov Files: Patriarch Kirill and the KGB, „Academia.edu", 2018, https:www.academia.edu/37152767/The_Mikhailov_Files _Patriarch_Kirill_and_the_KGB (9/3/2022).

[26] Ecumenismo, al metropolita Kirill (Mosca) la laurea honoris causa in Scienze Politiche, „Toscana Oggi", 2/10/2002, https://www.toscanaoggi.it/Vita-Chiesa/ecumenismo-al-metropolita-kirill-mosca-la-laurea-honoris-causa-in-scienze-politiche (10/3/2022).

[27] Kristina Stoeckl, The Russian Orthodox Church and Human Rights, Routledge, London/New York 2014.

schen Primas mit dem Tomos der Autokephalie[28], d.h. dem Prinzip der Selbstbestimmung und der wahren Unabhängigkeit, den Titel eines Metropoliten von Kiew und der gesamten Ukraine. Der ukrainische Präsident Petro Poroschenko verkündete der Nation in feierlichem Ton: „Dieser Tag wird in die Geschichte eingehen als der heilige Tag der Gründung der autokephalen orthodoxen Ortskirche der Ukraine, der Tag, an dem wir endlich unsere Unabhängigkeit von Russland erlangt haben"[29]. Das Moskauer Patriarchat erklärte die neue Ukrainisch-Orthodoxe Kirche für „schismatisch" und erkannte nur diejenigen als authentische orthodoxe Kirchen an, die Moskau treu blieben. Deren neuer Primas, der im August 2014 gewählt wurde, ist Onufrij, der Nachfolger des verstorbenen Wladimir Sabodan. Für Kyrill war es eine schwere Niederlage mit einem Verlust an Territorium, an Gläubigen und an Autorität auf der internationalen Bühne.

Die Auseinandersetzungen zwischen den orthodoxen Patriarchaten haben in den letzten Jahren auch außerhalb Europas stattgefunden. So wechselten auf der Synode in Moskau Ende 2021 mehr als hundert Priester, die in acht afrikanischen Ländern tätig sind, vom Griechisch-Orthodoxen Patriarchat von Alexandria zu dem von Moskau und begründeten dies mit der Anerkennung der ukrainischen autokephalen Kirche durch das Patriarchat von Alexandria, die im Dezember 2019 zum Abbruch der kirchlichen Beziehungen zwischen Moskau und Alexandria geführt hatte. Das Kommuniqué der Synode begründete die Entscheidung mit der „Feststellung der Unmöglichkeit, den Antrag dieser alexandrinischen Kleriker weiter abzulehnen". Damit wurde ein Exarchat des Russischen Patriarchats in Afrika geschaffen, das in die beiden Diözesen Nord- und Südafrika unterteilt war und dessen Klerus hierarchisch dem russischen Bischof von Eriwan in Armenien, Leonid Gorbatschow, unterstellt war.

Der Architekt dieser Operation war Kyrill, der auf diese Weise die ukrainische autokephale Kirche der internationalen Unterstützung be-

---

[28] Vittorio Parlato, L'autocefalia della chiesa ortodossa ucraina, interpretazioni dottrinali e strutture ecclesiali a confronto, „Stato, Chiese e pluralismo confessionale", Nr. 7 (2019), https://www.statoechiese.it/it/contributi/la utocefalia-della-chiesa-ortodossa-ucraina-interpretazioni-dottrinali-e-strutt ure-ecclesiali (4/3/2022).

[29] Poroshenko holds forth on independence of Ukrainian church, „Russian Religious News", 14. Januar 2019, https://www2.stetson.edu/religious-ne ws/190114c.html (4/3/2022).

raubte und gleichzeitig die Autorität des Patriarchen von Alexandria, Tawadros (Theodor) II, in Afrika schwächte, der im vergangenen August auf der türkischen Insel Imbros mit dem autokephalen Metropoliten von Kiew Epiphanius konzelebriert hatte und sich damit den Positionen des ökumenischen Patriarchen von Konstantinopel Bartholomäus anschloss, was den endgültigen Bruch mit der russischen Kirche markiert.

Der Kampf um neue Kirchengemeinden erstreckt sich auf mehrere afrikanische Länder und geht Hand in Hand mit der Ausweitung der wirtschaftlichen Interessen Russlands. In Tansania zum Beispiel ist das russische Staatsunternehmen Rosatom an den dortigen Uranvorkommen interessiert. Mit dem kürzlichen Tod von Metropolit Nikiforos von Kinshasa und kurz darauf von Metropolit Jonah Lwanga von Kampala „hat ein schwieriger Kampf um ihre Nachfolge begonnen"[30]. In der Demokratischen Republik Kongo ist die ALROSA-Gruppe im Diamantenabbau tätig, während Uganda einer der Hauptabnehmer russischer Waffen ist[31].

Spaltungen an der orthodoxen Front

Die unterschiedlichen Reaktionen der russischen und der ukrainischen orthodoxen Kirche auf Putins Aggression sollten daher nicht überraschen. Nachdem Präsident Putin die „militärische Spezialoperation" gegen die Ukraine angekündigt hatte, schwieg Kyrill und sandte eine unaufgeregte Botschaft an alle Gläubigen der Russisch-Orthodoxen Kirche, in der er die Konfliktparteien aufforderte, alles zu tun, um Verluste unter der Zivilbevölkerung zu vermeiden und Flüchtlingen und Hilfsbedürftigen beizustehen (Dokument 3). Er forderte nicht nur nicht ausdrücklich ein Ende der Militäroperationen, sondern billigte im Wesentlichen die historischen und ideologischen Rechtfertigungen für die Invasion, die Putin in seinen jüngsten Reden anführte. Wie Sergej Chapnin, ehemaliger Redakteur der Zeitschrift des Moskauer orthodoxen Patriarchats, schrieb: „Heute ist es ganz offensichtlich, dass Kyrill

---

[30] Rocco Bellantone, Un conflitto poco „ortodosso", Nigrizia, 11. März 2002, https://www.nigrizia.it/notizia/russia-conflitto-patriarca-ortodosso-kirill-af rica (12/3/2022).

[31] Francesco Palmas, Il ritorno dei russi in Africa tra basi, contractors, diplomazia e affari, „Analisi Difesa", 21. Juli 2021, https://www.analisidifesa.it/ 2021/07/il-ritorno-dei-russi-in-africa-tra-basi-contractors-diplomazia-e-aff ari (12/3/2022).

nicht bereit ist, seine Herde – weder die Menschen in der Ukraine noch in Russland – gegen Putins aggressives Regime zu verteidigen. Das Leiden der Menschen gehört nicht zu seinen Prioritäten"[32].

Im Gegensatz zu Kyrill sprachen sich die beiden wichtigsten ukrainischen orthodoxen Kirchen offen gegen die Invasion aus: Epiphanius I., Metropolit von Kiew, und Onufrij, Primas der moskautreuen Ukrainisch-Orthodoxen Kirche, forderten Putin auf, den Krieg zu beenden.

Kurz nach Beginn der Invasion in der Ukraine ermutigte Metropolit Epiphanius die Mitglieder seiner Kirche, sich den Aggressoren entgegenzustellen und zu glauben, dass der Feind besiegt werden wird, denn „die Wahrheit ist auf unserer Seite" (Dokument 4). Am Sonntag, dem 27. Februar, rief er in einer Fernsehpredigt erneut nicht nur zum Gebet, sondern auch zum Handeln gegen die russische Aggression auf, ohne zu sagen, ob durch bewaffneten oder gewaltlosen Widerstand: „Liebe Brüder und Schwestern, lasst uns beten und handeln! Unser heldenhaftes Volk verteidigt uns gegen den Angriff Russlands, das seine Soldaten und Waffen auf unsere Dörfer und Städte richtet, und jede Stunde unseres Widerstands motiviert mehr und mehr Menschen in der Welt, die Ukraine zu unterstützen."[33]

Ebenfalls am 24. Februar verglich Onufrij in einem Appell „an die Gläubigen und die Bürger der Ukraine" die russische Invasion mit dem Mord Kains an Abel: „Leider hat Russland militärische Maßnahmen gegen die Ukraine ergriffen: In diesem verhängnisvollen Moment bitte ich Sie, nicht in Panik zu geraten, mutig zu sein, Liebe für das Vaterland und Liebe füreinander zu zeigen. In diesem tragischen Moment bringen wir unsere besondere Liebe für unsere Soldaten zum Ausdruck, die unser Land und unser Volk bewachen, schützen und verteidigen [...] Unter Bekräftigung der Souveränität und Integrität der Ukraine fordern wir Präsident Putin auf, diesen Bruderkrieg unverzüglich zu beenden"[34]

---

[32] Sergei Chapnin, Patriarch Kirill and Vladimir Putin's Two Wars, „Public Orthodoxy", https://publicorthodoxy.org/2022/02/25/patriarch-kirill-and-vladimir-putins-two-wars (26/02/ 2022).

[33] Vgl. Also at Stake in Ukraine: the Future of Two Orthodox Churches, „New York Times", 2. März 2022, https://www.nytimes.com/2022/03/02/world/europe/russia-ukraine-orthodox-church.html?searchResultPosition=1 (3/3/2022).

[34] Metropolitan of UOC MP urged Putin to stop the war and supported the Ukrainian army, „Front news", https://frontnews.eu/en/news/details/20192 (28/2/2022).

(Dokument 5). Am 2. März wurde auch die orthodoxe Kirche des Moskauer Patriarchats in Charkiw teilweise zerstört.[35]

Eine Gruppe von 233 Priestern und Diakonen hat einen Appell unterzeichnet, in dem sie den Krieg als „Bruderkrieg" bezeichnen und einen Waffenstillstand fordern: „Wir beklagen die Qualen, die unsere Brüder und Schwestern in der Ukraine unverdientermaßen erleiden mussten. […] Wir sind traurig, wenn wir an die Kluft denken, die unsere Kinder und Enkel in Russland und der Ukraine überbrücken müssen, um wieder Freunde zu werden, um einander zu respektieren und zu lieben […]".

Mit Blick auf den nächsten Vergebungssonntag erinnert das Dokument daran, dass „die Pforten des Himmels allen offen stehen, auch denen, die schwer gesündigt haben, wenn sie diejenigen um Vergebung bitten, die sie verachtet, beleidigt oder durch ihre Hand oder ihren Willen getötet haben", und dass „kein gewaltloser Aufruf zum Frieden und zur Beendigung des Krieges mit Gewalt zurückgewiesen und als Verstoß gegen das Gesetz betrachtet werden darf, denn so lautet das göttliche Gebot: Selig sind, die Frieden stiften". Der Appell schließt mit einer Einladung zum Dialog, denn „nur die Fähigkeit, dem anderen zuzuhören, kann Hoffnung auf einen Ausweg aus dem Abgrund geben, in den unsere Länder in wenigen Tagen gestürzt wurden"[36] (Dokument 6). Weitere Unterschriften werden noch hinzugefügt.

Reaktionen von anderen Kirchen und religiösen Gemeinschaften

Noch am Tag der Invasion gab der All-Ukrainische Rat der Kirchen und religiösen Organisationen, dem sechzehn Kirchen und religiöse Organisationen, darunter auch Juden und Muslime, angehören, eine Erklärung ab, in der er seine Solidarität mit den ukrainischen Streitkräften zum Ausdruck brachte und die internationale Gemeinschaft aufforderte, die russische Invasion zu stoppen.[37]

---

[35] Dall'inferno di Kharkiv: Colpiti uffici di curia e la chiesa ortodossa russa, „Vatican News", 3. März 2022, https://www.vaticannews.va/it/chiesa/news/2022-03/charki-ucraina-diocesi-latina-chiesa-semenkov.html (3/3/2022).

[36] I sacerdoti ortodossi russi: nessun appello alla pace dovrebbe essere respinto, „Vatican News", 2. März 2022, https://www.vaticannews.va/it/chiesa/news/2022-03/appello-chiesa-ortodossa-russa-fine-guerra-ucraina-pace.html (3/3/2022).

[37] „UCCRO Appeal on Russia's military aggression against Ukraine", Ukrai-

Swjatoslaw Schewtschuk, seit 2011 leitender Erzbischof der ukrainischen Griechisch-Katholischen Kirche, die in Gemeinschaft mit der katholischen Kirche steht, bat um Gebete für den Frieden und erinnerte daran, dass die Bürger die Pflicht haben, die Ukraine zu schützen (Dokument 7).

Wenige Stunden nach Beginn der Invasion verurteilte die Deutsche Evangelisch-Lutherische Kirche der Ukraine (DELKU), zu der 25 Gemeinden vor allem im Osten und Süden des Landes gehören, die russische Aggression scharf (Dokument 8).

Auch auf katholischer Seite wurden maßgebliche Stimmen laut, allen voran Papst Franziskus[38], der ein sofortiges Ende des Krieges in der Ukraine forderte. Am 2. März schrieb der Vorsitzende der polnischen Bischofskonferenz, Erzbischof Stanislaw Gądecki, an den Moskauer Patriarchen: „Ich bitte Dich, Bruder, so bescheiden wie möglich, an Wladimir Putin zu appellieren, die russische Armee aus einem souveränen Staat wie der Ukraine zurückzuziehen, denn kein Grund kann jemals die Entscheidung rechtfertigen, eine militärische Invasion eines unabhängigen Landes, die Bombardierung von Wohnsiedlungen, Schulen oder Kindergärten einzuleiten; für ein Ende des sinnlosen Kampfes gegen das ukrainische Volk, bei dem unschuldige Menschen sterben, nicht nur Soldaten, sondern auch Zivilisten, insbesondere Frauen und Kinder."[39] (Dokument 9).

Unter den Reaktionen der christlichen Minderheiten ist der mutige offene Brief einer Gruppe russischer Baptisten- und Pfingstpastoren zu erwähnen, die der 1918 gegründeten Allukrainischen Union der Kirchen der Evangeliumschristen-Baptisten angehören, der auf der Internetseite eines kleinen Verlags in St. Petersburg erschien. Für die

---

nian Council of Churces and Religious Organizations, 24. Februar 2022, https://vrciro.org.ua/en/statements/uccro-address-regarding-russian-military-aggression-against-ukraine (26/02/2022). In der Folge wurde der Aufruf entfernt; auch das Schreiben der UCCRO an Putin (https:// vrciro.org.ua/ua/statements/uccro-calls-on-president-putin-to-stop-the-war) erscheint nicht mehr auf der Seite vrciro.org.ua.

[38] Die wiederholten Interventionen von Papst Franziskus gegen den Angriffskrieg gegen die Ukraine sind auf der Internetseite von Vatican News und in zahlreichen Zeitungen dokumentiert.

[39] Gądecki scrive al patriarca Kirill, ACI Stampa, 2. März 2022, https://www.acistampa.com/story/gadecki-scrive-al-patriarca-kirill-chiedi-a-putin-di-far-smettere-la-guerra-19253 (4/3/2022).

Unterzeichner des Schreibens ist es an der Zeit, die Dinge beim Namen zu nennen, solange es noch Zeit ist, einer Bestrafung von oben zu entgehen und den Zusammenbruch unseres Landes zu verhindern. Wir fordern die Behörden unseres Landes auf, dieses sinnlose Blutvergießen zu beenden.[40] Das Dokument enthält auch biblische Bezüge, wie den Bericht über den Brudermord von Kain an Abel und den Text aus Jeremia 18,7–8: „Bald rede ich gegen ein Volk und Königreich, dass ich es ausreißen, einreißen und zerstören will; wenn sich aber das Volk, gegen das ich geredet habe, von seiner Bosheit bekehrt, so reut mich auch das Unheil, das ich ihm gedachte zu tun." (Dokument 10).

Die Baptistengemeinden der ehemaligen Sowjetunion, die größte evangelikale Minderheit in den Ländern, die zu ihr gehörten, haben Präsident Putin gebeten, sich an den Verhandlungstisch zu setzen. Bezeichnenderweise erinnerten die Vorsitzenden der verschiedenen Gewerkschaften, die das Dokument unterzeichneten, daran, dass sie auch für Präsident Putin beten (Dokument 11).

Die russische Invasion löste eine unmittelbare Reaktion auch von internationalen christlichen Organisationen aus, wie der Weltweiten Evangelischen Allianz, einer der ältesten interkonfessionellen Organisationen in der protestantischen Welt, die – zusammen mit ihrer europäischen Pendant – die russische Intervention in der Ukraine scharf verurteilte. In diesem Dokument werden neben dem Aufruf zum Gebet und zum sofortigen Waffenstillstand auch die Verantwortlichkeiten für den Konflikt und die auf dem Spiel stehenden Interessen genannt (Dokument 12).

Kyrill: „Es ist richtig zu kämpfen, es ist ein Krieg gegen die Schwulenlobby"

Angesichts der Bitten orthodoxer und katholischer Priester, protestantischer Pastoren und der Regierungen vieler Länder der Welt (die Versammlung der Vereinten Nationen hat die Aggression mit überwältigender Mehrheit verurteilt), die ihn aufforderten, dem Evangelium des Friedens treu zu bleiben und sich klar gegen die russische Aggression in der Ukraine auszusprechen, reagierte der Patriarch der Russisch-Orthodoxen Kirche mit einer Predigt am 6. März, dem Sonntag der Vergebung, in der

---

[40] Jayson Casper, Hundreds of Russian Pastors Oppose War in Ukraine, „Christianity Today", 3. März 2022, https://www.christianitytoday.com/news/2022/march/russia-ukraine-war-pastors-protest-esther-barth-bonhoeffer.html (4/3/2022).

Christ-Erlöser-Kathedrale in Moskau, in der er im Wesentlichen den Krieg rechtfertigte, der als Verteidigung der Werte der christlichen Tradition gegen die Angriffe der Schwulenlobby angesehen wird.

Während das katholische Oberhaupt Franziskus in Rom einmal mehr den „Wahnsinn", die „Grausamkeit" und die „Gräueltaten" des Krieges gegen die Ukraine anprangerte[41], legitimierte der orthodoxe Oberhaupt Kyrill, Putins Verbündeter, in Moskau die militärische Intervention mit der Notwendigkeit, gegen die durch Schwulenparaden geförderten Lebensmodelle zu kämpfen: „Alles, was ich sage, hat mehr als eine theoretische Bedeutung und mehr als eine spirituelle Bedeutung. Um dieses Thema wird heute ein regelrechter Krieg geführt." (Dokument 13).

Es ist zwar legitim, unterschiedliche Meinungen zur „Schwulenlobby" zu haben und sie sogar aus einer bestimmten biblischen und theologischen Perspektive zu kritisieren[42], aber sie als Vorwand zu benutzen, um die militärische Besetzung eines anderen Landes, das Massaker an Tausenden von Männern, Frauen und Kindern und die humanitäre Katastrophe von Millionen von Flüchtlingen zu rechtfertigen, ist eine Tatsache, die entsetzt. Kyrills Predigt hat viele Menschen fassungslos und ungläubig gemacht, aber sie hat diejenigen, die seine persönliche Geschichte kennen, nicht überrascht.

Orthodoxe aus verschiedenen Ländern distanzieren sich von Kyrill

Unter den Orthodoxen hat Metropolit Johannes von Dubna, Erzbischof der orthodoxen Kirchen russischer Tradition in Westeuropa, am 9. März in einem offenen Brief an „Seine Heiligkeit Kyrill, Patriarch von Moskau", einen sehr klaren Standpunkt bezogen. :

> Eure Heiligkeit,
>
> erlauben Sie mir, Ihnen in diesen bedrückenden Tagen, wo der Krieg infolge der Militärintervention der Russischen Föde-

---

[41] Marco Guerra, Francesco: cessi questa guerra crudele in Ucraina, prevalga il negoziato, „Vatican News", 6. März 2022, https://www.vaticannews.va/it/papa/news/2022-03/papa-francesco-post-angelus-6-marzo-2022.html (7/03/2022).

[42] In den Grundlagen der Soziallehre wird Homosexualität entschieden verurteilt: „Die Heilige Schrift und die Lehre der Kirche verurteilen eindeutig homosexuelle Beziehungen" (XII, 9).

ration in der Ukraine mitten in Europa wütet, von der Konsternation der Gesamtheit des Erzbistums zu berichten und von unserer vollumfänglichen Solidarität mit den Opfern dieses Konfliktes.

[…]

Den Aufruf, den die Mitglieder der Heiligen Synode der Ukrainisch-Orthodoxen Kirche an Sie gerichtet haben, konnten wir mit großer Anteilnahme lesen: Sie werden gebeten, bei den politischen Autoritäten der Russischen Föderation dafür einzutreten, dass diesem Blutbad ein Ende gemacht wird.

Im Namen der Gesamtheit der Gläubigen unseres Erzbistums wende ich mich an Sie, dass Sie als Primas der Russisch-Orthodoxen Kirche gegen diesen abscheulichen und absurden Krieg Ihre Stimme erheben und bei den Machthabern der Russischen Föderation dafür eintreten, dass dieser mörderische Konflikt baldmöglichst ein Ende findet. Er schien vor nicht langer Zeit noch undenkbar zwischen zwei Völkern und zwei Nationen, die Jahrhunderte eine gemeinsame Geschichte und ihr gemeinsamer Glaube an Christus eint.

Eure Heiligkeit, in Ihrer Homilie zum Versöhnungssonntag, die Sie in der patriarchalen Christi-Erlöser-Kathedrale am 6. März gehalten haben, geben Sie zu verstehen, dass Sie diesen grausamen und mörderischen Angriffskrieg billigen als „einen metaphysischen Kampf ‚im Namen' des Rechts, sich auf der Seite des Lichts zu positionieren, auf Seiten der Wahrheit Gottes, auf Seiten dessen, was uns das Licht Christi, sein Wort, sein Evangelium offenbaren…".

Mit allem Respekt, den ich Ihnen schulde und erweise, aber auch mit einem unermesslichen Schmerz, fühle ich mich verpflichtet, Sie darauf hinzuweisen, dass ich eine solche Auslegung des Evangeliums nicht unterschreiben kann. Nichts kann rechtfertigen und niemals ist es zu rechtfertigen, wenn die „guten Hirten", die wir sein sollen, aufhören, „Friedensstifter" zu sein – und das bleibt gültig, welche Umstände auch immer eintreten.

Eure Heiligkeit, demütig und mit einem Herzen voller Trauer bitte ich Sie inständig, Ihr Möglichstes zu tun, dass dieser schreckliche Krieg ein Ende nimmt, der die Welt entzweit und nur Tod und Zerstörung sät. (Dokument 14)

Am Sonntag, dem 13. März, wird der orthodoxe Sonntag gefeiert, der an den Sieg über den Ikonoklasmus (Bildersturm) erinnert, d. h. das Verbot der als götzendienerisch angesehenen Heiligenbilder, und an die Entscheidung, nicht mehr Götzenbilder, sondern die dem christlichen Osten so wichtigen Ikonen zu verehren, wurde ein Dokument mit dem Titel „Erklärung zur Lehre von der ‚Russischen Welt' (Russkij mir)"auf der Internetseite der Akademie für Theologische Studien (Volos, Griechenland) und auf dem „Forum Public Orthodoxy" des „Orthodox Christian Studies Center" der Fordham University veröffentlicht. (Dokument 15). Ursprünglich von 65 orthodoxen Theologen unterzeichnet, hat das Dokument inzwischen mehr als 500 Unterschriften von Intellektuellen, insbesondere von Theologen und Orthodoxen, aus der ganzen Welt.

Dieses Dokument greift die metaphysische Argumentation für die bewaffnete Aggression gegen die Ukraine auf, die Patriarch Kyrill in seiner Predigt vom 6. März verwendete, und kommt zu ganz anderen Schlussfolgerungen. Während Kyrill die Doktrin der „russischen Welt" verwendet, deren Aufgabe es wäre, die westlichen Länder vor moralischer Korruption und dem Verlust ihrer christlichen Identität zu bewahren, distanzieren sich die griechischen und nordamerikanischen orthodoxen Theologen, die das Dokument unterzeichnet haben, von der von Kyrill beschworenen Doktrin, indem sie die alte Anathema-Formel verwenden: „Wir verurteilen als unorthodox und lehnen jede Lehre ab, die Spaltung, Misstrauen, Hass und Gewalt zwischen Völkern, Religionen, Konfessionen, Nationen oder Staaten fördert. Darüber hinaus verurteilen wir jede Lehre als unorthodox und lehnen sie ab, die diejenigen dämonisiert oder zur Dämonisierung ermutigt, die der Staat oder die Gesellschaft als ‚Andere' betrachtet, einschließlich Ausländer, politisch und religiös Andersdenkende und andere stigmatisierte soziale Minderheiten", denn „das Christentum ist keine ethnische Religion und kann es auch nicht sein, sondern eine, die auf der Freiheit des Glaubens beruht".

Der letzte Teil nimmt ausdrücklich Bezug auf den andauernden Krieg: „Wir verurteilen daher jede Lehre als nicht-orthodox und lehnen sie ab, die einer einzelnen lokalen, nationalen oder ethnischen Identität göttliche Einsetzung oder Autorität, besondere Heiligkeit oder Reinheit zuschreibt oder eine bestimmte Kultur als besonders oder göttlich gewollt charakterisiert, sei sie griechisch, rumänisch, russisch, ukrainisch oder eine andere".

Unter dem Schutz der „Mutter Gottes"

Im August 2009 schenkte Kyrill der Besatzung eines U-Boots auf dem Marinestützpunkt Sewerodwinsk eine Ikone der Jungfrau Maria. Die Verwendung traditioneller Symbole der orthodoxen Kirche wird im Krieg gegen die Ukraine fortgesetzt. Während eines Gottesdienstes in der Moskauer Erlöserkirche eine Woche nach dem Einmarsch überreichte Patriarch Kyrill dem Chef der russischen Nationalgarde, Viktor Zolotow, eine Kopie der Ikone der „Mutter Gottes von Augustow" mit den Worten: „Möge dieses Bild die jungen Soldaten inspirieren, die den Eid ablegen und sich darauf vorbereiten, das Vaterland zu verteidigen". Zolotov antwortete: „Wir glauben, dass dieses Bild die russische Armee schützen und unseren Sieg beschleunigen wird. [...] Die Dinge laufen nicht so schnell, wie wir es gerne hätten."[43] Die Ikone, die die Erscheinung der Gottesmutter an russische Soldaten während des Zweiten Weltkriegs darstellt, wird in der großen Kathedrale der russischen Streitkräfte in der Nähe von Moskau aufbewahrt, die im Jahr 2000 eingeweiht wurde. Sie enthält auch Fresken, die die jüngsten Kriege in Georgien und Syrien sowie die Annexion der Krim 2014 feiern.

Wenige Tage später reagierte die katholische Kirche mit der Ankündigung, dass der Papst und Kardinal Konrad Krajewski in Fatima, am nachfolgenden 25. März, dem Fest Mariä Verkündigung, die Völker Russlands und der Ukraine dem Herzen Mariens weihen werden.

Zuvor hatte die katholische Wochenzeitung „Famiglia cristiana" polemisch darauf hingewiesen, dass es einen „abgrundtiefen Unterschied zwischen der Handlung des Patriarchen und der Handlung, die wir in unserer Kirche zu tun gedenken" gebe. „Wir werden nämlich nicht nur eines der beiden Völker, die sich im Konflikt befinden, der Fürsprache Mariens anvertrauen, sondern beide, im Bewusstsein, dass beide Opfer eines Krieges sind, der immer ungerecht ist, wie Papst Franziskus sagte"[44].

---

[43] Putin's war in Ukraine is blessed by Church icon, says Kremlin boss, „The Times", 14. März 2022, thetimes.co.uk/article/bdd711f0-a39f-11ec-9909-6547dd4945b7?shareToken=45095f78b5e3ae786e0cc1c52fc641da (15/3/2022).

[44] Pino Lorizio, Maria, madre di tutti e non icona guerriera, „Famiglia cristiana", 18. März 2022, https://www.famigliacristiana.it/articolo/maria-madre-di-tutti-e-non-icona-guerriera.aspx (19/3/2022).

Andere Standpunkte außerhalb der orthodoxen Welt

Am 12. März 2022 wandte sich der Generalsekretär der Russischen Evangelischen Allianz, Witali Wlasenko, in einem Brief an alle Gläubigen in der ganzen Welt und brachte seine Besorgnis über den Konflikt zum Ausdruck[45]. Wlasenko bestätigte, dass er immer gegen eine bewaffnete Konfrontation gewesen sei, und erinnerte an die Maßnahmen, die ergriffen wurden, um einen Krieg zu vermeiden. Der Text enthält eine klare Analyse des Konflikts und drückt eine tiefe Solidarität mit den Ukrainern aus, die eindeutig als Opfer gesehen werden (Dokument 16).

Der Rat der GEKE (Gemeinschaft Evangelischer Kirchen in Europa), dem lutherische, methodistische und reformierte Kirchen aus über dreißig europäischen Ländern und einigen lateinamerikanischen Staaten angehören, hat sich in einem dreiteiligen Dokument mit dem russischen Einmarsch in der Ukraine befasst: Als Kirchen beten wir; als Kirchen erheben wir unsere Stimmen; als Kirchen helfen wir. (Dokument 17)

Reaktionen protestantischer und evangelikaler Kirchen am Beispiel Italiens

Am 4. März 2022 veröffentlichte die FCEI (Föderation der Evangelischen Kirchen in Italien) ein Dokument zum Krieg in der Ukraine mit dem Titel „Beten und handeln, um Frieden zu schaffen und die Menschenrechte zu verteidigen", das die Position ihrer Mitgliedskirchen zum Ausdruck bringt.[46] (Dokument 18)

„[…] Deshalb verurteilen die Kirchen der FCEI die militärische Aggression Russlands aufs Schärfste und bringen ihre Verbundenheit und Solidarität mit den Menschen in der Ukraine zum Ausdruck.

Sie sprechen sich gegen Krieg, gegen jede Form von Gewalt und gegen jede Verletzung von Menschenrechten und Grundfreiheiten aus.

Sie rufen die Konfliktparteien auf, den Weg des Dialogs und der Diplomatie zu wählen, um alle Feindseligkeiten einzustellen.

---

[45] Russian Evangelical Leader Apologizes to Ukrainian Christians, „Christianity Today", 14. März 2022, https://.christianitytoday.com/news/2022/march/russia-ukraine-invasion-christians-evangelical-apology.html (15/3/2022).

[46] Dokument 18, https://www.fcei.it/2022/03/07/pregare-agire-costruire-pace-difendere-diritti-umani (19/3/2022).

Sie appellieren auch an die internationale Gemeinschaft, Maßnahmen zu ergreifen, um der Zivilbevölkerung humanitären Schutz zu gewähren und humanitäre Korridore zu öffnen, um ukrainische Flüchtlinge und solche von anderen Kontinenten aufzunehmen, die dasselbe Leid erfahren und dieselben Rechte und dieselbe Würde haben wie die Europäer […].

Um „humanitäre Korridore für die Aufnahme ukrainischer Flüchtlinge zu öffnen", entsandte die Föderation vom 11. bis 18. März eine Delegation von Diakonie-Mitarbeitern nach Polen, um sich ein Bild von der Notlage der Flüchtlinge an der Grenze zur Ukraine zu machen, erste Hilfe zu leisten und die Modalitäten ihres Einsatzes festzulegen.[47]

Einige italienische evangelische Kirchen, die nicht der FCEI angehören, sind ebenfalls aktiv geworden, obwohl sie – wie bei früheren Gelegenheiten – verstreut vorgehen, da sie keine zentralisierte Struktur haben. Aus diesem Grund ist es schwierig, die geleistete Hilfe und die Formen des Empfangs zu quantifizieren, und es liegen nur Teilinformationen vor. Die von diesen Kirchen verwalteten Hilfskanäle sind hauptsächlich zwei.

Einer davon ist die Evangelische Wohltätigkeits- und Sozialförderungsorganisation Bethel Italia, eine überkonfessionelle Organisation in Apulien, die im Allgemeinen von der italienischen Pfingstbewegung unterstützt wird; ihr Beitrag zum russisch-ukrainischen Kriegsszenario wird von den evangelischen Kirchen in Rom geleistet.

Der andere ist eine von den Brüderversammlungen unabhängig Geführter, der in humanitären Notsituationen mit einer nationalen Dienstgruppe eingreift, die das Sammeln von Geldern über die Evangelische Missionsarbeit der italienischen Brüdergemeinden sowie dem Zivilschutz koordiniert. Die Hilfe kam über die rumänischen Brüderversammlungen und einen in Moldawien tätigen Missionar in die Ukraine. In dieser Phase werden große Mengen an Material, darunter Lebensmittel, Medikamente und Kleidung, per Lkw zu den rumänischen Verteilzentren transportiert und von dort aus per Transporter oder auf anderem Wege in das ukrainische Gebiet gebracht. Die Räumlichkeiten der ukrainischen Kirchen sind zu den Depots gewor-

---

[47] Barbara Battaglia, Ucraina, prima missione delle chiese protestanti in Polonia, NEV, 10. März 2022, https://www.nev.it/nev/2022/03/10/ucraina-prima-missione-delle-chiese-protestanti-in-polonia.

den, an die sich die Bevölkerung wendet, um Hilfe zu erhalten. Finanzielle Unterstützung wird rumänischen und polnischen Familien gewährt, die die Aufnahme von Flüchtlingen übernehmen.

Die Sackgasse in der ökumenischen Bewegung

Am Sonntag, den 13. März 2022, sprach Pfarrer Luca Maria Negro in der Sendung „Il cammino verso l'unità" (Der Weg zur Einheit), die in der Sendung „Culto evangelico" (Evangelischer Gottesdienst) auf Radio RAI 1 ausgestrahlt wurde, ein Thema an, das in den Kirchen große Besorgnis hervorruft, nämlich die Bedeutung und die Folgen dieses Krieges für die ökumenische Bewegung:

> Der Krieg in der Ukraine ist nicht nur eine Tragödie für das ukrainische und das russische Volk und für die Völker der gesamten Region, sondern für ganz Europa: Er bedeutet auch einen dramatischen Rückschritt für die ökumenische Bewegung. In der Ukraine und in Russland sind die Kirchen in der Tat nicht Teil der möglichen Konfliktlösung, sondern Teil des Problems. Die Orthodoxie in der Ukraine scheint vor allem intern radikal gespalten zu sein […]. Die Pro-Putin-Haltung Kyrills hat offenbar dazu geführt, dass einige ukrainische Bischöfe des Moskauer Patriarchats beschlossen haben, Kyrill in der göttlichen Liturgie nicht mehr zu nennen, was de facto einem Schisma gleichkommt.
>
> Was ist mit den anderen Bekenntnissen? Die verschiedenen ökumenischen Gremien und auch internationale protestantische Organisationen wie Lutheraner, Methodisten und reformierte Christen haben die russische Aggression in aller Deutlichkeit verurteilt und Patriarch Kyrill aufgefordert, gegen den Krieg Stellung zu beziehen – bisher vergeblich, wie wir gesehen haben. Die ukrainischen Baptisten, die wichtigste protestantische Konfession des Landes, haben zu Gebeten für den Frieden aufgerufen und unternehmen konkrete Anstrengungen zur Solidarität mit den vom Konflikt Betroffenen. […]
>
> In diesem Bild der realen ökumenischen Ohnmacht gibt es zumindest ein kleines Licht, das von der Basis der Kirche kommt: Es ist der offene Brief von 233 Priestern und Diakonen der Russisch-Orthodoxen Kirche, die ein sofortiges Ende dieses „Bruderkriegs" fordern und zum Dialog aufrufen, denn „nur die Fähigkeit, dem anderen zuzuhören, kann es Hoffnung auf einen

Ausweg aus dem Abgrund geben, in den unsere Länder in wenigen Tagen gestürzt wurden". (Dokument 19)

Unbewaffneter Widerstand

Wie in jedem Krieg stellt sich die Frage: Können gewaltfreie Formen des Widerstands wirksam sein und eine Alternative zum bewaffneten Widerstand darstellen? Pazifismus und Gewaltlosigkeit haben in Russland eine lange Tradition, und Tolstoi ist ihr bekanntester Vertreter. Doch neben dem russischen Schriftsteller gibt es eine Tradition der Gewaltlosigkeit, die von religiösen Gruppen oder Sekten geprägt ist, wie den Duchoborzen, denen Tolstoi selbst half, Ende des 19. Jahrhunderts nach Kanada auszuwandern, um der Militärdienstpflicht des Zaren zu entgehen[48]. Gemeinschaften von Täufern, insbesondere Mennoniten, fanden Zuflucht in Russland und der Ukraine, bevor sie nach Nordamerika auswanderten; trotz Auswanderung und Verfolgung gibt es in diesen Ländern immer noch Gruppen von Mennoniten, die an ihrer traditionellen Ablehnung des Waffengebrauchs festhalten.

Die Nachrichten über die Geschehnisse in der Ukraine und in Russland sind bruchstückhaft, aber es sind Informationen und Bilder aufgetaucht, die die Existenz des gewaltlosen Widerstands bestätigen: unbewaffnete Männer und Frauen, die sich russischen Panzern in der Ukraine entgegenstellen, Antikriegsdemonstranten in den russischen Großstädten und einzelne Aktionen wie die der russischen Journalistin Marina Owsjannikowa, die während einer Nachrichtensendung des Staatsfernsehens ins Fernsehstudio stürmte und ein Antikriegsplakat zeigte.

Trotz der Militarisierung des Gewissens, zu der die Russisch-Orthodoxe Kirche einen wesentlichen Beitrag leistet, der harten Unterdrückung jeder Form von Dissens (am 4. März billigte die Duma ein Gesetz, das bis zu 15 Jahre Gefängnis für diejenigen vorsieht, die Nachrichten verbreiten, die von den offiziellen, vom Verteidigungsministerium verbreiteten Versionen der „militärischen Spezialoperation" in der Ukraine abweichen) und der beharrlichen staatlichen Propaganda, die die Aggression als Verteidigung gegen die Bedrohung durch die Ukraine und die westlichen Länder darstellt, gibt es Antikriegspro-

---

[48] Massimo Rubboli, „The Doukhobors from Transcaucasia to Western Canada: private property vs. communal ownership of the land", in Canada ieri e oggi 2, herausgegeben von M. Rubboli und F. Farnocchia Petri, Schena, Fasano 1990, S. 155–182.

teste. Während das Regime den Moskauer Radiosender Echo und den Fernsehsender Doschd mundtot gemacht und Facebook, Twitter, die BBC und die Deutsche Welle gesperrt hat, weil sie „falsche Informationen" über den Krieg verbreiten, werden andere Stimmen laut.

Gewaltloser Widerstand könnte die russische Aggression eher stoppen als Waffen.

Ein „Nein zu Waffen" muss einem „Nein zum Krieg" vorausgehen

Wer wird den Krieg zwischen Russland und der Ukraine gewinnen? Weder Russland noch die Ukraine, denn letztere wird wirtschaftlich ruiniert sein und die Wunden, die der Bevölkerung zugefügt wurden, werden über Generationen hinweg offenbleiben, aber ersteres wird mit den Folgen von Sanktionen und einem wahrscheinlichen innenpolitischen Kampf zu kämpfen haben, ganz zu schweigen von dem fast vollständigen Imageverlust auf internationaler Ebene. Auch die EU wird aus dieser Situation nicht gut herauskommen. Wir werden Alpträume haben von den Körpern, die von Bomben zerfetzt und durch Folter entstellt wurden, und die Frustration darüber, dass wir das Massaker nicht verhindern konnten, bevor es überhaupt begonnen hatte.

Wenn es jedoch keinen Gewinner gibt, wird es aber diejenigen geben, die davon profitiert haben: der „militärisch-industrielle Komplex" mehrerer Länder, darunter Russland und die Ukraine. Dieser Ausdruck (militärisch-industrieller Komplex, engl. military-industrial complex) wurde zum ersten Mal am 17. Januar 1961 verwendet, und zwar nicht von einem glühenden Antimilitaristen, sondern von einem hochdekorierten ehemaligen General, Dwight Eisenhower, in seiner Abschiedsrede zum Ende seiner zweiten Amtszeit als US-Präsident. Bevor er den Schmeicheleien der republikanischen Partei nachgab und sich bereit erklärte, die führende Weltmacht zu anzuführen, hatte Eisenhower durch die Leitung der Landung in der Normandie dazu beigetragen, den Zweiten Weltkrieg zu beenden. Er war also jemand, der wusste, wovon er sprach, als er seine Mitbürger vor der Gefahr warnte, die von der „Verbindung einer immensen Anzahl von militärischen Institutionen und einer enormen Rüstungsindustrie" ausging, die einen außerordentlichen Einfluss auf Wirtschaft, Politik und Gesellschaft ausübten.

Eisenhowers Warnung hat den Rüstungswettlauf der letzten 60 Jahre nicht verlangsamt, an dem China, Indien, Russland (das Ende 1991 die Sowjetunion ablöste) und Saudi-Arabien immer aktiver beteiligt sind.

Zu den zehn Ländern mit den höchsten Militärausgaben im Jahr 2019 gehören auch Frankreich, Deutschland, das Vereinigte Königreich, Japan und Südkorea. Die Militärausgaben sind ständig gestiegen, und die Arsenale wurden mit immer schrecklicheren Waffen gefüllt.

Der Anstieg der Militärausgaben hat auch zu einem immer größeren Einfluss des militärisch-industriellen Komplexes geführt, der zunehmend politische Entscheidungen beeinflusst und neue Kriege schürt, weil er wie jede Industrie seine Produkte verkaufen muss. Dieser Aspekt wird in den Analysen des Krieges, der mit der russischen Invasion in der Ukraine begann, oft übersehen, entgeht jedoch den Wirtschaftsbeobachtern nicht. In einem kürzlich erschienenen Artikel in einer internationalen politischen und wirtschaftlichen Wochenzeitschrift[49] wird darauf hingewiesen, dass einer der Nebeneffekte des Krieges die Tendenz zu einem raschen Anstieg der Militärausgaben ist, was zu einem Anstieg des Marktwerts der Industriezweige führt, die die in diesem Krieg verwendeten Waffen herstellen.

In der Woche nach dem russischen Einmarsch in der Ukraine sind die Aktienkurse der am Krieg beteiligten Unternehmen deutlich gestiegen, und es besteht kein Zweifel daran, dass die Rüstungsindustrie erheblich von dem Krieg profitieren wird.

Der russische Einmarsch in die Ukraine begann in einer Zeit, in der die Waffenproduktion und der Waffenhandel aufgrund eines Nachfragerückgangs stagnierten und wurde von den Spitzen der Rüstungsindustrie mit unverhohlener Zufriedenheit begrüßt.

Auch der militärisch-industrielle Komplex profitiert von den Ängsten, die sich in vielen Ländern ausgebreitet haben. Deutschland beispielsweise, das sich seit dem Zweiten Weltkrieg nicht mehr am Wettrüsten beteiligt hat, hat beschlossen, seine Militärausgaben auf mehr als 2% des Bruttoinlandsprodukts (über 100 Mrd. Euro) zu erhöhen und mit Panzerabwehrwaffen und 500 Stinger-Raketen zur Verteidigung der Ukraine beizutragen[50].

Der Krieg hat es der US-Rüstungsindustrie ermöglicht, über die „National Defence Industrial Association" (NDIA) eine sofortige Erhöhung der Investitionen zur Stärkung der „Abschreckungsfähigkeit"

---

[49] Russia's attack on Ukraine means more military spending, „The Economist", 5. März 2022.
[50] Vgl. Erika Solomon, Germany does „180-degree turn" in defence policy following Russian aggression, „Financial Times", 27. Februar 2022, https://www.ft.com/content/ab3857f4-666f-45c9-b191-be5aa5abcb41.

der USA und der NATO zu fordern. Der Antrag ignoriert die Tatsache, dass der US-Verteidigungshaushalt bereits viel größer ist als die Budgets der zehn anderen großen Waffenhersteller zusammengenommen, und dass Präsident Biden für das nächste Haushaltsjahr bereits 813 Milliarden Dollar für das Pentagon und für Militärprogramme beantragt hat. Diese enorme Summe umfasst mehr als 50 Milliarden Dollar für Atomwaffen und ein interkontinentales Raketensystem, das die Gefahr einer Eskalation mit Russland zu erhöhen droht.

Selbst die Religion ist vom Einfluss des militärisch-industriellen Komplexes nicht verschont geblieben. Die substanzielle Verteidigung der russischen Aggression durch den derzeitigen Patriarchen der Russisch-Orthodoxen Kirche hat eine Welle der Empörung und des Erstaunens ausgelöst, die jedoch nicht so groß gewesen wäre, wenn man gewusst hätte, welche Rolle diese Kirche bzw. ihre Führung bei der ideologischen Legitimierung der Entwicklungsprogramme des russischen Militärs und insbesondere der Atomwaffen gespielt hat. In seinem Buch „Russian Nuclear Orthodoxy: Religion, Politics, and Strategy"[51] erinnert Dmitry Adamsky daran, dass die orthodoxe Kirche mit staatlicher Unterstützung Kapellen auf jedem Atomwaffenstützpunkt errichtet hat, dass orthodoxe Ikonen auf jeder Atomwaffenplattform zu finden sind und dass orthodoxe Priester als Militärseelsorger tätig sind. Die Kirche hat damit ihre privilegierte Stellung in der russischen Gesellschaft gefestigt, aber gleichzeitig ihre Identität und ihre Fähigkeit verloren, eine kritische Stimme gegen alle Formen von Unterdrückung und Gewalt zu sein.

Wenn dieser Krieg vorbei ist, wird es unausweichlich sein, jedes Mittel zu suchen, um der Macht und dem Einfluss der Rüstungsindustrie entgegenzuwirken, sei es durch internationale Abkommen, um den Verkauf von Massenvernichtungswaffen zu verhindern und Länder, die sich verpflichten, ihre Rüstungsindustrie zu reduzieren, wirtschaftliche Unterstützung zu gewähren, oder durch Sanktionen gegen Industriezweige, die versuchen, die Militärausgaben durch Lobbyarbeit zu erhöhen. Darüber hinaus sollten Bewegungen unterstützt werden, die darauf abzielen, die Militärausgaben zu reduzieren oder abzuschaffen und auf gewaltlose Volksverteidigung und gewaltfreie Konfliktlösung hinzuarbeiten.

---

[51] Dmitry Adamsky, Russian Nuclear Orthodoxy: Religion, Politics, and Strategy, Stanford University Press, Redwood City 2019.

Dokumente

Dokument 1

Die Grundlagen der Soziallehre der Russischen Orthodoxen Kirche (Moskau, 13.–16. August 2000)

Dokument, das von einer Gruppe führender Mitglieder des orthodoxen Episkopats und Laienexperten unter der Leitung des damaligen Metropoliten von Smolensk und Kaliningrad, Kyrill, ausgearbeitet und vom Bischofsrat im August 2000 in Moskau angenommen wurde.

II. Kirche und Nation

3. Der Patriotismus
Der christliche Patriotismus bezieht sich in gleicher Weise auf die Nation als ethnische Gemeinschaft wie auf die Gemeinschaft der Staatsbürger. Der orthodoxe Christ ist aufgerufen, sein Vaterland in seinen territorialen Ausmaßen wie auch seine über die Welt verstreuten Blutsbrüder zu lieben. […]

4. Nationalistische Strömungen
Gleichzeitig können nationale Gefühle sündhafte Erscheinungen verursachen, z.B. aggressiven Nationalismus, Xenophobie, nationale Exklusivität, Feindschaft zwischen Völkern. Nicht selten führen diese Phänomene in ihrer äußersten Ausprägung zur Einschränkung der Rechte der Person und der Völker, zu Krieg und anderen Erscheinungsformen von Gewalt.

Der orthodoxen Ethik widerspricht die Einteilung der Völker in bessere und schlechtere, die Herabwürdigung irgendeiner ethnischen oder bürgerlichen Nation. Noch weniger läßt sich die Orthodoxie mit Lehren vereinbaren, die die Nation an die Stelle Gottes setzen oder den Glauben lediglich zu einem Aspekt des nationalen Selbstbewußtseins herabsetzen.

Indem sie sich solchen sündhaften Erscheinungsformen widersetzt, erfüllt die Orthodoxe Kirche ihre Sendung der Versöhnung zwischen einander feindlich gesinnten Nationen und ihren Vertretern.

Dementsprechend bezieht sie keine Stellung in interethnischen Konflikten, mit Ausnahme solcher Fälle, in denen seitens einer der Parteien eindeutig Aggression betrieben bzw. Ungerechtigkeit geübt wird.

III. Kirche und Staat

5. Die Möglichkeit des zivilen Ungehorsams
[...] Die Kirche wahrt Loyalität gegenüber dem Staat, jedoch steht über dieser Loyalitätspflicht das Göttliche Gebot der unbedingten Erfüllung der Heilssendung unter beliebigen Bedingungen und Verhältnissen. Wenn die staatliche Macht die orthodoxen Gläubigen zur Abkehr von Christus und Seiner Kirche sowie zu sündhaften, der Seele abträglichen Taten nötigt, so muß die Kirche dem Staat den Gehorsam verweigern. Der Christ, der dem Gebot des Gewissens folgt, braucht dem staatlichen Befehl, der zur schweren Sünde nötigt, nicht nachzukommen. Wenn es unmöglich ist, den staatlichen Gesetzen und den Anordnungen von Seiten der kirchlichen Vollmacht zu gehorchen, ist die Kirchenleitung berechtigt, zur gebührenden Untersuchung der Frage folgende Maßnahmen zu ergreifen: Aufnahme eines direkten Dialogs mit der Staatsgewalt über das aufgekommene Problem, Aufruf an das Volk, die Mechanismen der Volksherrschaft zur Änderung der Gesetzgebung sowie zur Revision der Entscheidungen der Staatsgewalt anzuwenden, Appell an die internationalen Institutionen sowie die internationale öffentliche Meinung, des weiteren an ihre Kinder, gewaltlosen zivilen Widerstand zu leisten.

8. Die Bereiche der Zusammenarbeit von Kirche und Staat in der gegenwärtigen historischen Periode sind
a) Friedensschaffung auf internationaler, interethnischer sowie bürgerlicher Ebene; Förderung der Verständigung und Zusammenarbeit zwischen Menschen, Völkern und Staaten;
b) Sorge um die Erhaltung der Sittlichkeit in der Gesellschaft;
c) geistig-geistliche, kulturelle, sittliche sowie patriotische Bildung und Erziehung;
d) Werke der Barmherzigkeit und der Wohltätigkeit, Entwicklung gemeinsamer Sozialprogramme;
e) Schutz, Wiederaufbau und Entwicklung des historischen und kulturellen Erbes, einschließlich der Sorge um die Erhaltung von Denkmälern von historischem und kulturellem Wert;
f) Dialog mit den Organen der Staatsmacht in allen Sachbereichen und auf allen Ebenen in Fragen, die für Kirche und Gesellschaft

von Bedeutung sind, einschließlich der Fragen in Verbindung mit der Ausarbeitung einschlägiger Gesetze, Verordnungen, Erlasse und Beschlüsse;
g) Betreuung des Militärs sowie der Mitarbeiter der Organe der Rechtspflege, ihre geistlich-sittliche Erziehung;
h) präventive Maßnahmen gegen Rechtsverstöße sowie Betreuung inhaftierter Personen;
i) Wissenschaft, einschließlich humanitärer Forschung;
j) Gesundheitswesen;
k) Kultur und schöpferische Tätigkeit;
l) Arbeit der kirchlichen und weltlichen Massenmedien;
m) Tätigkeit zur Bewahrung der Umwelt;
n) wirtschaftliche Maßnahmen zum Wohle von Kirche, Staat und Gesellschaft;
o) Förderung der Institution der Familie, der Mutterschaft und der Kindheit;
p) Widerstand gegen die Tätigkeit pseudoreligiöser Strukturen, die die Integrität der Person und der Gesellschaft bedrohen.

Die Zusammenarbeit zwischen Staat und Kirche ist auch in einer Reihe anderer Bereiche möglich, wenn sie der Erfüllung von Aufgaben dient, die den oben genannten Gebieten kirchlich-staatlichen Zusammenwirkens entsprechen. Gleichzeitig gibt es Gebiete, in denen die Geistlichen und die kanonischen kirchlichen Organe gehalten sind, dem Staat ihre Mitarbeit zu verweigern. Solche sind:
a) politischer Kampf, Wahlkampfwerbung, Kampagnen zur Unterstützung politischer Parteien, gesellschaftlicher sowie politischer Führungspersönlichkeiten;
b) Führen eines Bürgerkriegs oder eines aggressiven äußeren Kriegs;
c) unmittelbare Teilnahme an geheimdienstlich-aufklärerischer oder ähnlich gearteter Tätigkeit, die nach staatlichem Recht sogar in der Beichte und gegenüber der kirchlichen Leitung Geheimhaltung erfordern würde;
d) Der traditionelle Bereich des gesellschaftlichen Einsatzes der Orthodoxen Kirche besteht im Eintreten für die Nöte des Volkes, für die Rechte und Sorgen einzelner Bürger oder gesellschaftlicher Gruppen gegenüber der staatlichen Gewalt. Ein solches Eintreten ist Pflicht der Kirche, der sie durch mündliche oder schriftliche Intervention von Seiten der entsprechenden kirchlichen Instanzen bei den Organen der Staatsgewalt in den einzelnen Ressorts bzw. auf verschiedenen Ebenen nachkommt.

IV. Christliche Ethik und weltliches Recht

9. Die Kirche und weltliches Recht
[...] Die Kirche ruft unveränderlich ihre Kinder dazu auf, gesetzestreue Bürger des irdischen Vaterlands zu sein. Gleichzeitig betont sie stets die unaufhebbare Grenze, bis zu der der Gesetzesgehorsam ihrer treuen Kinder geht.

[...] Wenn die Erfüllung des Gesetzes aber eine Gefahr für das ewige Heil in sich birgt, den Abfall vom Glauben oder das Begehen einer zweifelsfreien Sünde gegenüber Gott und dem Nächsten impliziert, ist der Christ zum aufopfernden Bekenntnis um der Wahrheit Gottes und um des Heils seiner Seele für das ewige Leben willen aufgefordert. Seine Pflicht ist es, offen und im gesetzlichen Rahmen gegen eine offensichtliche Mißachtung der Gebote und Befehle Gottes durch die Gesellschaft oder den Staat aufzutreten, und sollte dies unmöglich oder unwirksam sein, so ist er zum zivilen Ungehorsam verpflichtet (vgl. III.5).

XII. Fragen der Bioethik

9. Homosexualität
Die Heilige Schrift und die Lehre der Kirche verurteilen eindeutig homosexuelle Beziehungen, in denen sie eine lasterhafte Verkehrung der gottgegebenen Natur des Menschen erblicken. [...]

VIII.

2. Verteidigungskrieg als unerwünschtes, allerdings unumgängliches Mittel
[...] Auch in den „Grundlagen" wird der Krieg verurteilt, obwohl die Kirche ihren Mitgliedern erlauben kann: „Trotz der Erkenntnis des Krieges als Böses verbietet die Kirche ihren Kindern nicht, sich an Kampfhandlungen zu beteiligen, solange ihr Zweck die Verteidigung der Nächsten sowie die Wiederherstellung verletzter Gerechtigkeit ist. In solchen Fällen gilt der Krieg als unerwünschtes, allerdings unumgängliches Mittel". [...]

5. Erhaltung des Friedens
[...] Um den Frieden zu erhalten, ist die Kirche aufgerufen: „Zu diesem Zweck richtet sie ihr Wort an die Machthaber und die anderen einflußreichen Kräfte der Gesellschaft und unternimmt Anstrengungen,

Verhandlungen zwischen einander bekämpfenden Seiten zu organisieren sowie den Notleidenden Hilfe zu leisten." […]

Quelle:
www.mospat.ru
Deutsche Übersetzung der Konrad-Adenauer-Stiftung:
https://www.unifr.ch/orthodoxia/de/assets/public/Lehre/HS2020%20-%20Ostkirchen-D/Sozialkonzeption_2000.pdf

Dokument 2

Weihnachtsbotschaft Seiner Heiligkeit Kyrill, des Patriarchen von Moskau und ganz Russland (2015)

„Darin ist erschienen die Liebe Gottes unter uns,
dass Gott seinen eingebornen Sohn gesandt hat in die Welt,
damit wir durch ihn leben sollen." (1 Joh 4,9)

Hochgeweihte Bischöfe, ehrwürdige Väter, ihr ehrwürdigen Mönche und Nonnen, liebe Brüder und Schwestern!

Aus einem Herzen, das erfüllt ist von der Freude über den im Fleische erschienenen Sohn Gottes, wende ich mich an euch alle und beglückwünsche euch zum lichten und lebendig machenden Fest der Geburt unseres Herrn und Gottes Jesus Christus.

„Ehre sei Gott in der Höhe und Friede auf Erden bei den Menschen seines Wohlgefallens." (Lk 2,14). Indem wir jährlich wieder und wieder die unbeschreibliche Herabkunft des Erretters zu uns verherrlichen, sind wir bestrebt, wie einst die Hirten zu Bethlehem, welche vom Engel von der „große Freude, die allem Volk widerfahren wird" (Lk 2,10) vernommen haben, den Heiland mit geistlichem Auge wahrzunehmen, dessen Erscheinen die ruhmreichen Propheten vorhergesagt und das eine Vielzahl von Männern und Frauen herbeigesehnt hat. [...]

Das wunderbare Fest der Geburt Christi erinnert uns an die Notwendigkeit, unbeirrt Christus nachzufolgen, der gekommen ist, damit wir das Leben haben und es im Überfluss haben (vgl. Joh 10,10), und der Selbst der einzig rechte Weg, die unwandelbare Wahrheit und das wahre Leben ist (vgl. Joh 14,6). Unabwendbar ausstehenden Schwierigkeiten mögen uns nicht schrecken, und die auf unser Los fallenden Prüfungen mögen uns nicht brechen, denn Gott ist mit uns! Gott ist mit uns, und die Furcht hat keinen Platz mehr in unserem Leben. Gott ist mit uns, und wir erlangen Seelenfrieden und Freude. Gott ist mit uns, und mit fester Hoffnung auf Ihn gehen wir auf unserer irdischen Wanderung voran.

Wenn ein Mensch Christus nachfolgt, so geht er gegen die Gewalten dieser Welt. Er unterwirft sich nicht den ihm begegnenden Verlockungen und beseitigt entschieden die ihn auf seinem Weg behindernden

Schranken der Sünde. Denn es ist ja die Sünde, die uns von Gott trennt und unser Leben wahrhaft bitter werden lässt. Sie ist es, die uns das Licht der göttlichen Liebe verdeckt, uns in eine Vielzahl von verschiedensten Nöten wirft und unsere Herzen gegenüber anderen Menschen erhärten lässt. Überwunden werden aber kann die Sünde nur durch die Gnade des Heiligen Geistes, die uns durch die Kirche zuteilwird. Die Kraft Gottes verklärt unsere innere Welt und hilft, so es der Wille des Herrn ist, auch die äußere Welt zu verändern. Deshalb verlieren ja die, welche auf die eine oder andere Weise von der Einheit der Kirche abfallen, gleich einem verdorrenden Baum die Fähigkeit, wahrhaft gute Früchte zu tragen.

Mit einem besonderen Wort möchte ich mich heute an die Menschen in der Ukraine wenden. Der Bruderkrieg, welcher auf der ukrainischen Erde ausgebrochen ist und der in den Herzen der Menschen nur Hass sät, darf die Kinder der Kirche nicht untereinander trennen. Ein wirklicher Christ kann weder seinen Nächsten, noch die ihm fernen Menschen hassen. „Ihr habt gehört", wendet Sich der Herr an die, welche Ihn hören, „dass gesagt ist: ‚Du sollst deinen Nächsten lieben und deinen Feind hassen!' Ich aber sage euch: Liebt eure Feinde… auf dass ihr Kinder eures Vaters im Himmel seid. Denn er lässt seine Sonne aufgehen über Böse und Gute" (Mt 5,43–45). Diese Worte des Erretters mögen uns allen eine Lebensanweisung sein, und die Bosheit und Feindseligkeit gegenüber anderen niemals einen Platz in unseren Herzen haben.

Ich rufe die Kinder der gesamten, viele Völker umfassenden Russisch-Orthodoxen Kirche dazu auf, inständig für die alsbaldige Beendigung der Feindseligkeiten in der Ukraine zu beten, für die Heilung sowohl der körperlichen, als auch der seelischen Wunden, die der Krieg den Menschen zugefügt hat. Wir wollen in der Kirche, aber auch zu Hause Gott darum bitten; wir wollen auch für jene Christen beten, die fernab unserer Länder leben und unter bewaffneten Konflikten zu leiden haben.

In dieser lichten Weihnacht und in den darauffolgenden heiligen Tagen wollen wir unseren Erretter und Herrn lobpreisen und erheben, Ihn, der aufgrund Seiner Menschenliebe geruhte, in diese Welt zu kommen. Wie die biblischen Weisen wollen wir dem Gotteskinde Christus Gaben darbringen: anstelle von Gold unsere aufrichtige Liebe, anstelle von Weihrauch eifriges Gebet, anstelle von Myrrhe ein wohlwollendes und fürsorgliches Verhältnis zu unseren Nächsten und denen, die uns fern sind.

Nochmals beglückwünsche ich euch alle, meine Lieben, zum lichten Fest der Geburt Christi, ebenso zum bereits eingetretenen Neuen Jahr, und wünsche euch im Gebet reiche Gnade und Erbarmungen vom barmherzigen Herrn Jesus. Amen.

+Kyrill, Patriarch von Moskau und ganz Russland
Christi Geburt
2015/2016
Moskau

Quelle:
https://www.orthodox-dresden.de/stsimeon/index.php/de/allcategories-de-de/33-aktuelles/163-weihnachtsbotschaft-patriarch-kyrill-2016

Dokument 3

Die Anrede von Patriarchen Kyrill an die Erzbischöfe, Hirten, Mönche und alle treuen Gläubigen der Russischen Kirche (24. Februar 2022)

Euere Seligkeit! Eure Hochwürdigste Eminenz und Exzellenz! Liebe Väter, Brüder und Schwestern!

Mit tiefem Herzensschmerz nehme ich die Leiden der Leute wahr, die die passierenden Ereignisse verursacht haben.

Als der Patriarch von Russland und der Vorsteher der Kirche, die Gemeinde von deren in Russland, in der Ukraine und in anderen Ländern ist, fühle ich mit allen mit, die das Unglück betroffen hat.

Ich rufe alle Seiten des Konfliktes auf, alles Mögliche zu tun, um ohne Opfer unter den friedlichen Bürgern abzugehen.

Ich rede an die Erzbischöfe, Hirten, Mönche und Gläubigen mit dem Aufruf an, allen Betroffenen einschließlich Flüchtlinge, die Leute, die obdachlos und ohne Mittel zum Lebensunterhalt geworden sind, die größtmögliche Hilfe zu leisten.

Die russischen und ukrainischen Völker haben eine gemeinsame jahrhundertelange Geschichte, die aus der Christianisierung der Rus vom heiligen apostelgleichen Fürsten Wladimir stammt. Ich glaube, dass diese von Gott geschenkte Einigkeit die entstandenen Spaltungen und Unstimmigkeiten, die zum heutigen Konflikt geführt haben, überwinden hilft.

Ich rufe die Gemeinde der Russischen Orthodoxen Kirche auf, das besondere flammende Gebet um das schnellste Wiedererstehen des Friedens zu sprechen.

Der allbarmherzige Gott mit Beistand unserer Allreinen Herrin Gottesmutter und aller Heiligen möge die russischen, ukrainischen und anderen Völker, die geistig unsere Kirche einigt, schützen!

+KYRILL,
DER PATRIARCH VON MOSKAU UND GANZ RUSSLAND

Quelle:
https://mospat.ru/de/news/89020

Dokument 4

Metropolit Epiphanius: Die Wahrheit ist auf unserer Seite (24. Februar 2022)

Liebe Brüder und Schwestern,

trotz der langen, aufrichtigen und beharrlichen Bemühungen der Ukraine und der gesamten internationalen Gemeinschaft ist es zu einem unprovozierten, heimtückischen und zynischen Angriff Russlands und Weißrusslands auf die Ukraine gekommen.

Unsere gemeinsame Aufgabe ist es, den Feind zurückzuschlagen, unsere Heimat, unsere Zukunft und die Zukunft der neuen Generationen vor der Tyrannei zu schützen, die der Angreifer mit seinen Bajonetten anrichten will.

Die Wahrheit ist auf unserer Seite. Deshalb wird der Feind mit der Hilfe Gottes und der Unterstützung der gesamten zivilisierten Welt besiegt werden.

[…] Wir glauben an die Vorsehung Gottes und den Sieg der Wahrheit. […] Wir beten für all diejenigen, die an vorderster Front gegen den Angreifer kämpfen. […] Wo immer es möglich ist, rufe ich den Klerus und die Gläubigen auf, regelmäßig für die Ukraine, für den Sieg und für unsere Soldaten zu beten. […]

Ich rufe die internationale Gemeinschaft, alle religiösen Führer der Welt, auf, die Ukraine zu unterstützen und Russland und Weißrussland zu zwingen, den Angriff sofort einzustellen. […]

Diejenigen, die einen aggressiven Krieg gegen die Ukraine begonnen haben und führen, sollten wissen, dass sie nach dem Gesetz Gottes und den menschlichen Gesetzen Mörder und Verbrecher sind. Und für ihr Verbrechen werden sie vor Gott und vor der Menschheit aussagen, ohne der Verurteilung und der Strafe zu entgehen.

Liebe Brüder und Schwestern,

als Primas der Orthodoxen Kirche der Ukraine bin ich bei Ihnen und erfülle meine Pflichten. Je nachdem, wie sich die Ereignisse entwickeln, werde ich Sie auf dem Laufenden halten.

„Fürchtet euch nicht, steht fest und seht zu, was für ein Heil der HERR heute an euch tun wird. […] Der HERR wird für euch streiten, und ihr werdet stille sein." (Exodus 14,13–14).

Die Ukrainer sind ein friedliches Volk, aber stark im Geist und im Glauben. Wir glauben, dass die Gewalt und die Waffen, die heute illegal gegen uns eingesetzt werden, sich in den Zorn Gottes und in ein Schwert gegen den Angreifer verwandeln werden. Denn alle verbrecherischen Absichten sind Gott bekannt, wie geschrieben steht: „Beschließt einen Plan – es wird nichts draus werden; beredet euch – es wird nicht zustande kommen!" (Jesaja 8,10). Mögen sich die Worte des Erlösers an den Anstiftern zum Krieg und an den Angreifern erfüllen: „Stecke dein Schwert an seinen Ort! Denn wer das Schwert nimmt, der wird durchs Schwert umkommen." (Mt 26,52).

Mit dem Gebet auf den Lippen, mit der Liebe zu Gott, zur Ukraine und zu den Menschen in unserer Umgebung kämpfen wir gegen das Böse – und wir werden den Sieg erringen.

Ich erbitte Gottes Segen für den ukrainischen Staat, für die Soldaten, die die Ukraine verteidigen, und für unser ganzes Volk!

Möge der große Gott, der Eine, die Ukraine für uns retten!

† Epiphanius
Metropolit von Kiew und der ganzen Ukraine
24. Februar 2022

Quelle:
https://orthodoxtimes.com/metropolitan-of-kyiv-the-truth-is-on-our-side-the-enemy-with-gods-help-will-be-defeated-video
24. Februar 2022 |in Carousel Front Page, Church of Ukraine

Dokument 5

Metropolit Onufrij,
an die Gläubigen und Bürger der Ukraine
(24. Februar 2022)

Nach dem russischen Angriff appellierte der Metropolit von Kiew, Onufrij, an alle ukrainischen Orthodoxen, sich der Trauer des gesamten ukrainischen Volkes anzuschließen.

Liebe Brüder und Schwestern! Gläubige unserer Ukrainisch-Orthodoxen Kirche!

Als Primas der Ukrainisch-Orthodoxen Kirche wende ich mich an Sie und an alle Bürger der Ukraine. Das Unglück hat zugeschlagen. In dieser schicksalhaften Zeit bitte ich Sie, nicht in Panik zu verfallen, mutig zu sein und Liebe für Ihr Heimatland und füreinander zu zeigen. Ich bitte Sie vor allem, das Bußgebet für die Ukraine, für unsere Armee und unser Volk zu intensivieren, die gegenseitigen Streitigkeiten und Missverständnisse zu vergessen und sich in der Liebe zu Gott und zu unserem Heimatland zu vereinen.

In dieser tragischen Zeit gilt unsere besondere Liebe und Unterstützung unseren Soldaten, die Wache halten und unser Land und unser Volk schützen und verteidigen. Möge Gott sie segnen und beschützen!

Wir verteidigen die Souveränität und Integrität der Ukraine und appellieren an den Präsidenten Russlands, den Bruderkrieg sofort zu beenden. Das ukrainische und das russische Volk sind aus dem Taufbecken des Dnjepr hervorgegangen, und der Krieg zwischen diesen Völkern ist eine Wiederholung der Sünde Kains, der seinen eigenen Bruder aus Neid erschlug. Ein solcher Krieg hat weder vor Gott noch vor den Menschen eine Rechtfertigung.

Ich rufe alle zur Vernunft auf, die uns lehrt, unsere irdischen Probleme in gegenseitigem Dialog und gegenseitigem Verständnis zu lösen, und hoffe aufrichtig, dass Gott uns unsere Sünden vergibt und der Friede Gottes auf unserer Erde und in der ganzen Welt herrschen wird!

+ Onufrij,
Metropolit von Kiew und der ganzen Ukraine,
Primas der Ukrainischen Orthodoxen Kirche

Quelle:
https://news.church.ua/2022/02/27/appeal-beatitude-metropolitan-kyiv-ukraine-onufriy-faithful-citizens-ukraine/?lang=en

Dokument 6

Die Heilige Synode der Ukrainisch-Orthodoxen Kirche: „den Bruderkrieg beenden" (28. Februar 2022)

In der Erklärung, die am 28. Februar auf Russisch und Ukrainisch, die auf der Internetseite der Kirche veröffentlicht wurde, hat die Heilige Synode der Ukrainisch-Orthodoxen Kirche des Moskauer Patriarchats unter der Leitung von Metropolit Onufrij den Patriarchen Kyrill von Moskau und ganz Russland gebeten, sich für die „Beendigung des brudermörderischen Blutvergießens" in der Ukraine einzusetzen und „die Führer der Russischen Föderation" aufzufordern, „die Feindseligkeiten, die sich bereits zu einem Weltkrieg auszuweiten drohen, unverzüglich einzustellen".

Geliebte in Christus, Eure Eminenzen, Väter, Brüder und Schwestern!

Liebes ukrainisches Volk!

Mit Kummer und Schmerz erleben wir, dass der Krieg in unser ukrainisches Heimatland gekommen ist. Schwere Prüfungen sind über uns alle hereingebrochen. Die Kämpfe zwischen den Truppen der Russischen Föderation und den Streitkräften der Ukraine dauern fast in der ganzen Ukraine an, Soldaten und Zivilisten sterben, die Zahl der Flüchtlinge wächst. Die generelle Alarmbereitschaft für Atomwaffen stellt die zukünftige Existenz der Menschheit und der Welt insgesamt in Frage. In einer solch schwierigen Situation rufen wir alle auf, mutig zu sein, das Gebet zu verstärken und sich um die Verteidigung unserer Heimat zu scharen.

Indem wir uns heute an alle unsere Verteidiger wenden, möchten wir bezeugen, dass wir Sie ehren und für Sie beten, denn Sie, die Sie Ihr Leben aufopferungsvoll riskieren, geben wahrhaftig Zeugnis davon, wie man die Worte unseres Herrn Jesus Christus erfüllen kann: „Niemand hat größere Liebe als die, dass er sein Leben lässt für seine Freunde." (Joh 15,13).

Wir bekräftigen unsererseits noch einmal, dass die Ukrainisch-Orthodoxe Kirche die staatliche Souveränität und territoriale Integrität der Ukraine immer unterstützt hat und weiterhin unterstützt. Wir teilen voll und ganz den Schmerz und das Leid unseres Volkes. In diesen schwierigen Zeiten wird in allen Gemeinden und Klöstern unserer

Kirche inbrünstig für ein Ende des Krieges und die Wiederherstellung des Friedens in der Ukraine gebetet. Mit dem Segen Seiner Seligkeit Metropolit Onufrij leisten die Eparchien und Klöster umfassende Hilfe für Flüchtlinge und alle, die unter den Feindseligkeiten gelitten haben. Unsere Kirchen sind rund um die Uhr für diejenigen geöffnet, die Schutz vor Beschuss benötigen. Jeden Tag erweitert die Ukrainisch-Orthodoxe Kirche ihren Auftrag, allen Menschen in Not zu helfen.

Im Bewusstsein unserer besonderen geistlichen Verantwortung wenden wir uns heute an Seine Heiligkeit Patriarch Kyrill von Moskau und ganz Russland. Eure Heiligkeit! Wir bitten Sie, Ihr Gebet für das leidgeprüfte ukrainische Volk zu intensivieren, das Wort Ihres Primaten über die Beendigung des brudermörderischen Blutvergießens im ukrainischen Land zu sprechen und die Führung der Russischen Föderation aufzufordern, die Feindseligkeiten, die bereits in einen Weltkrieg umzuschlagen drohen, unverzüglich einzustellen.

Wir appellieren auch an den Präsidenten der Ukraine Wolodymyr Oleksandrowytsch Selenskyj und den Präsidenten der Russischen Föderation Wladimir Wladimirowitsch Putin. Im Namen der vielen Millionen Gläubigen der Ukrainisch-Orthodoxen Kirche bitten wir Sie, alles zu tun, um die Sünde der bewaffneten Konfrontation zwischen unseren beiden brüderlichen Völkern zu beenden und den Verhandlungsprozess einzuleiten. Dieser schreckliche Krieg hat den Beziehungen zwischen dem ukrainischen und dem russischen Volk bereits einen schweren Schlag versetzt. Wenn das Blutvergießen nicht gestoppt wird, kann die Kluft zwischen unseren Völkern für immer bestehen bleiben.

Ukrainisches Volk, Brüder und Schwestern! Wir hoffen, dass die Vernunft siegt und dieser Krieg bald beendet wird. Wir bitten jeden von Euch, untereinander Frieden zu halten und sich nicht provozieren zu lassen. Helft einander, kümmert euch umeinander. Es ist auch wichtig, der Feindschaft unter Euch keinen Raum zu geben. Nur in der Einigkeit liegt unsere Stärke. Wir bitten den Herrn, die Machthaber mit dem Licht seiner Gnade zu erleuchten. Wir glauben, dass der barmherzige Herr unser Gebetswerk annehmen und uns unsere Sünden vergeben wird. Und in naher Zukunft wird in unserem gesegneten ukrainischen Land wieder der Friede Gottes herrschen!

Quelle:
https://spzh.news/en/news/86735-sinod-upc-prizval-ostanovity-krovoprolitije-mezhdu-bratskimi-narodami

Dokument 7

Appell des Erzbischofs Swjatoslaw Schewtschuk, Ukrainische griechisch-katholische Kirche, bei Ausbruch des Krieges (24. Februar 2022)

Von der Kathedrale der Auferstehung Christi in Kiew aus verurteilte Erzbischof Swjatoslaw Schewtschuk, das Oberhaupt der Ukrainischen Griechisch-Katholischen Kirche, sofort die russische Aggression und appellierte an das nationale Selbstbewusstsein.

In Gott geliebtes Volk der Ukraine!

Unser Land ist wieder in Gefahr!

Der verräterische Feind hat trotz seiner eigenen Verpflichtungen und Zusicherungen, unter Verletzung der grundlegenden Normen des Völkerrechts, als ungerechter Aggressor ukrainischen Boden betreten und Tod und Zerstörung mit sich gebracht.

Unsere Ukraine, […] ruft uns heute auf, für sie einzutreten – ihre Würde vor Gott und der Menschheit, sein Existenzrecht und das Recht, seine Zukunft selbst zu bestimmen. […]

In diesem historischen Moment ruft die Stimme unseres Gewissens uns alle auf, gemeinsam für einen freien, geeinten und unabhängigen ukrainischen Staat einzutreten!

Die Geschichte des letzten Jahrhunderts lehrt uns, dass alle, die Weltkriege begonnen haben, sie verloren haben, und die Götzendiener des Krieges haben ihren eigenen Staaten und Völkern nur Zerstörung und Niedergang gebracht. […]

Die Geschichte unseres Volkes und seiner Kirche, die Geschichte seines Befreiungskampfes, die Geschichte der Inkarnation des Wortes Gottes und der Manifestation seines Geistes der Wahrheit in unserer Kultur sind für immer miteinander verwoben. Und in diesem dramatischen Augenblick wird unsere Kirche als Mutter und Lehrerin bei ihren Kindern sein, sie beschützen und ihnen im Namen Gottes dienen! In Gott ist unsere Hoffnung, und von ihm wird unser Sieg kommen!

Heute verkünden wir feierlich: „Opfern wir unsere Seele für unsere Freiheit!" Zu einem Herzen vereint beten wir: „Herr, Großer und Allmächtiger, beschütze unsere geliebte Ukraine!" […]

Gottes Segen sei mit euch!

+ Swjatoslaw

Quelle:
https://news.ugcc.ua/en/articles/appeal_of_his_beatitude_sviatoslav_on_outbreak_of_war_95772.html (25/2/2022).

Dokument 8

Es ist an der Zeit für einen gerechten Frieden zu beten (24. Februar 2022)

Wenige Stunden nach Beginn der Invasion verurteilte auch die Deutsche Evangelisch-Lutherische Kirche in der Ukraine die russische Aggression scharf.

Die Zeit zum Beten für den Frieden ist vorbei. Es ist an der Zeit für einen gerechten Frieden zu beten.

„Gerechtigkeit und Recht sind deines Thrones Stütze, Gnade und Treue treten vor dein Angesicht." (Psalm 89,15)

Liebe Schwestern und Brüder!

In der letzten Woche hat die putin'sche Regierung eine große Offensive gegen die Ukraine gestartet. Die zahlreichen Angriffe auf militärische und zivile Ziele aus verschiedenen Richtungen, führten dazu, dass eine friedliche Lösung nicht mehr möglich ist.

Wir sind dankbar für alle Gebete um Frieden in der Ukraine, die viele Menschen auf der ganzen Welt gesprochen haben. Wir haben tatsächlich gehofft, dass der Aggressor zur Vernunft kommt und eine nichtmilitärische Lösung des Problems gefunden wird, die tausende Menschenleben hätte retten können und für eine gute Entwicklung unseres Landes gesorgt hätte. Leider wurde von Präsident Wladimir Putin Befehl erteilt die Ukraine anzugreifen, was eine Kriegserklärung bedeutet. Gerade aus diesem Grund bitten wir Sie nicht für Frieden zu beten, sondern für gerechten Frieden, der als Ziel nicht nur das Vertreiben des Aggressors aus unsrem Land hat, sondern auch dessen gerechte Strafe für dieses Verbrechen fordert. Solange dies aber nicht der Fall ist, fordern wir alle zum militärischen Dienst fähigen Menschen auf, sich an der Verteidigung unseres Landes zu beteiligen und alle anderen ihnen und Menschen in Not zu helfen.

Unsere Brüder und Schwestern im Ausland bitten wir um diplomatische Vermittlung und Informationsunterstützung. Wir bitten auch um jede nötige humanitäre Hilfe für das Land.

Vereinen Sie sich mit uns im Gebet für gerechten Friede in der Ukraine! Der Herr möge uns alle behüten!

Quelle:
https://nelcu.org.ua/de/es-ist-an-der-zeit-fur-einen-gerechten-frieden-zu-beten

Dokument 9

Schreiben des katholischen Erzbischofs Gądecki an Patriarch Kyrill (2. März 2022)

Auch von katholischer Seite wurden maßgebliche Stimmen laut, allen voran Papst Franziskus, der ein sofortiges Ende des Krieges in der Ukraine forderte. Am 2. März wandte sich der Vorsitzende der polnischen Bischofskonferenz, Erzbischof Stanisław Gądecki, an den Patriarchen von Moskau mit der Bitte, Druck auf Putin auszuüben, damit er den Krieg beendet.

Ich bitte Dich, Bruder, so bescheiden wie möglich, an Wladimir Putin zu appellieren, die russische Armee aus einem souveränen Staat wie der Ukraine zurückzuziehen. Denn kein Grund kann jemals die Entscheidung rechtfertigen, eine militärische Invasion eines unabhängigen Landes, die Bombardierung von Wohnsiedlungen, Schulen oder Kindergärten einzuleiten; für ein Ende des sinnlosen Kampfes gegen das ukrainische Volk, bei dem unschuldige Menschen sterben, nicht nur Soldaten, sondern auch Zivilisten, insbesondere Frauen und Kinder.

Dieser Krieg ist aufgrund der Nähe der beiden Völker und ihrer christlichen Wurzeln noch sinnloser. Ist es zulässig, die Wiege des Christentums auf slawischem Boden, den Ort der Taufe der Rus', zu zerstören?

Quelle:
https://www.acistampa.com/story/gadecki-scrive-al-patriarca-kirill-chiedi-a-putin-di-far-smettere-la-guerra-19253

Dokument 10

Offener Brief russischer Baptisten- und Pfingstpastoren (2. März 2022)

Eine Gruppe russischer Baptisten- und Pfingstpastoren, die der Allukrainischen Union der Kirchen der Evangeliumschristen-Baptisten angehören, hat einen offenen Brief veröffentlicht, in dem sie den Krieg verurteilen.

„Bald rede ich gegen ein Volk und Königreich, dass ich es ausreißen, einreißen und zerstören will; wenn sich aber das Volk, gegen das ich geredet habe, von seiner Bosheit bekehrt, so reut mich auch das Unheil, das ich ihm gedachte zu tun." (Jeremia 18,7–8).

Liebe Mitbürger!

Unsere Armee ist in einem anderen Land in umfassende Feindseligkeiten verwickelt und wirft Bomben und Raketen auf die Städte unseres Nachbarlandes Ukraine ab. Als Gläubige bewerten wir das Geschehen als die schwere Sünde des Brudermordes – die Sünde Kains, der seine Hand gegen seinen Bruder Abel erhob.

Keine politischen Interessen oder Gründe können den Tod von unschuldigen Menschen rechtfertigen. Alte Männer, Frauen und Kinder sterben. Militärangehörige auf beiden Seiten werden getötet, Städte und Infrastrukturen zerstört. Neben militärischen Zielen zerstören Granaten und Bomben auch Krankenhäuser, zivile Gebäude und Häuser. Zahlreiche Menschen sind zu Flüchtlingen geworden, und die Kriegsgebiete stehen am Rande einer humanitären Katastrophe.

Neben dem Blutvergießen verletzt der Einmarsch in die souveräne Ukraine auch das Selbstbestimmungsrecht ihrer Bürger. Es wird Hass zwischen unseren Völkern gesät, der eine Kluft der Entfremdung und Feindschaft für kommende Generationen schaffen wird. Der Krieg zerstört nicht nur die Ukraine, sondern auch Russland – sein Volk, seine Wirtschaft, seine Moral, seine Zukunft.

Die Heilige Schrift mahnt uns, „die Finger vom Bösen zu lassen und die Wege des Friedens zu suchen", und warnt, dass „wer Böses sät, wird es ernten". Wenn wir uns wirklich auf geistige Werte verlassen wollen, müssen wir unbedingt die Worte Jesu Christi beherzigen:

„Steck dein Schwert in die Scheide, denn wer das Schwert zieht, wird durch das Schwert umkommen". Es heißt auch: „Das Gericht kommt nicht schnell über verwerfliche Taten; darum fürchtet sich das Herz der Menschenkinder nicht, Böses zu tun". Aber das Gericht Gottes ist unparteiisch und unausweichlich.

Heute ist der Zeitpunkt gekommen, an dem jeder von uns die Dinge beim Namen nennen muss. Solange wir noch eine Chance haben, der Strafe von oben zu entgehen und den Zusammenbruch unseres Landes zu verhindern. Wir müssen für das, was wir getan haben, Buße tun, zuerst vor Gott und dann vor den Menschen in der Ukraine. Wir müssen Lügen und Hass zurückweisen. Wir rufen die Behörden unseres Landes auf, dieses sinnlose Blutvergießen zu beenden!

Quelle:
https://evangelicalfocus.com/europe/15705/300-evangelicals-in-russia-sign-letter-denouncing-war-as-authorities-plan-further-restrictions-of-freedom-of-speech

Dokument 11

Appell der Baptistischen Kirche an den Präsidenten der Russischen Föderation Wladimir Putin (1. März 2022)

Die Baptistengemeinden der ehemaligen Sowjetunion, die größte evangelikale Minderheit in den ehemaligen Sowjetländern, haben Präsident Putin aufgefordert, sich an den Verhandlungstisch zu setzen. Bezeichnenderweise erinnerten die Präsidenten der verschiedenen Gewerkschaften, die das Dokument unterzeichneten, daran, dass sie auch für Präsident Putin beten.

„So spricht der HERR: Tretet hin an die Wege und schaut und fragt nach den Wegen der Vorzeit, welches der gute Weg sei, und wandelt darin, so werdet ihr Ruhe finden für eure Seele!" (Jeremia 6,16)

Herr Präsident!

Unser Schreiben ist von tiefer Besorgnis und Sorge um das Schicksal der Menschen vieler Länder getragen, die von den verheerenden Folgen des militärischen Konflikts zwischen der Ukraine und Russland betroffen sein könnten.

Wir schlagen vor, innezuhalten und sich an den Verhandlungstisch zu setzen, um eine friedliche Lösung für die globale Konfrontation zu finden, die sich in den letzten Tagen besonders zugespitzt hat.

Möge der Herr Ihnen als Oberhaupt der Weltmacht die Weisheit geben, eine friedliche Lösung zu finden und vielen Menschen in Russland, der Ukraine und anderen Ländern Glück, Wohlstand und echten Schutz zu bringen.

Im Gebet für Sie,

von der Euro-Asiatische Vereinigung der Unionen der Evangeliumschristen-Baptisten

Peter Mitskevich, Vorsitzender der Union der Kirchen Russlands

Vorsitzender der Union der Kirchen der Ukraine Valery Antonyuk

Vorsitzender der Union der Kirchen von Belarus Leonid Mikhovich

Vorsitzender der Union der Kirchen von Moldawien Nicolai Vozian

Vorsitzender der Union der Kirchen von Aserbaidschan Illya Zenchenko

Vorsitzender der Union der Kirchen von Armenien Gagik Tarverdyan

Vorsitzender der Union der Kirchen von Georgien Gia Kandelaki

Vorsitzender der Union der Kirchen von Kasachstan Sergey Kandaurov

Vorsitzender der Union der Kirchen Kirgisistans Petr Schmidt

Vorsitzender der Union der Kirchen von Tadschikistan Vladimir Chernyshkov

Vorsitzender der Union der Kirchen von Turkmenistan Vasily Korobov

Vorsitzender der Union der Kirchen von Usbekistan Oleg Sherstyukov

Pressedienst des Baptistenbundes

Quelle:
https://worldea.org/appeal-of-the-baptist-church-to-the-president-of-the-russian-federation-v-v-putin

Dokument 12

Erklärung der Weltweiten Evangelischen Allianz und der Europäischen Evangelischen Allianz (24. Februar 2022)

Die Weltweite Evangelische Allianz hat gemeinsam mit ihrem europäischen Pendant die russische Intervention in der Ukraine scharf verurteilt. In diesem Dokument werden neben dem Aufruf zu Gebeten und einem sofortigen Waffenstillstand auch die Verantwortlichkeiten für den Konflikt und die auf dem Spiel stehenden Interessen aufgezeigt.

Weltweite Evangelische Allianz und die Europäische Evangelische Allianz fordern sofortigen Waffenstillstand und Rückzug der russischen Streitkräfte aus der Ukraine und bitten um Gebete für den Frieden.

Die Weltweite Evangelische Allianz (WEA) schließt sich der Europäischen Evangelischen Allianz (EEA) an und verurteilt die Verletzung des Völkerrechts durch Russland und fordert ein sofortiges Ende der Angriffe auf die Ukraine. Die WEA und die EEA rufen die Kirchen in aller Welt auf, für die Wiederherstellung des Friedens zu beten.

Der Generalsekretär der WEA, Bischof Dr. Thomas Schirrmacher, sagte: „Wir sind zutiefst besorgt, dass wir erneut Zeuge eines bewaffneten Konflikts werden, der unweigerlich zu tragischen Verlusten an Menschenleben führt, darunter auch unschuldige Zivilisten, die nur in Frieden leben wollen. Wir fordern ein Ende der Feindseligkeiten, einen sofortigen Waffenstillstand und die Achtung der territorialen Integrität der Ukraine".

„Wir rufen auch die weltweite christliche Gemeinschaft auf, für den Frieden in der Ukraine zu beten. Europa hat in der Vergangenheit die Schrecken des Krieges erlebt und gelernt, dass bewaffnete Konflikte und militärische Besatzung nur Leid und Verwüstung bringen."

Die Europäische Evangelische Allianz veröffentlichte die folgende Erklärung:

Die Europäische Evangelische Allianz verurteilt alle Angriffe auf die Ukraine. Generalsekretär Thomas Bucher sagt: „Wir sehen keine

Rechtfertigung für diese Aktionen und sind zutiefst erschüttert über Tod, Zerstörung, Chaos und Elend, die daraus resultieren werden."

Der Einmarsch in die Ukraine ist sowohl ungerechtfertigt als auch unprovoziert. Es wurde behauptet, der Angriff sei notwendig, um ethnische Russen innerhalb der Ukraine zu schützen und die Ukraine daran zu hindern, Russland zu bedrohen. Diese Behauptungen sind unwahr. Diese Katastrophe wurde von Präsident Putin aus umfassenderen geopolitischen Gründen herbeigeführt.

Russland und die Ukraine sind beides souveräne Nationen, die in der Lage sein müssen, in Frieden miteinander zu leben und die Grenzen sowie die internen und geopolitischen Angelegenheiten des jeweils anderen zu respektieren. Die EEA ruft die Christen auf, für alle zu beten, die leiden, und für diejenigen, die die Macht haben, Leben zu retten, humanitäre Hilfe zu leisten und Schutz zu bieten. Und beten wir für alle, die die Macht haben, den Krieg zu beenden und einen langfristigen Frieden zu schaffen.

Quelle:
https://worldea.org/wea-and-european-evangelical-alliance-call-for-immediate-ceasefire-and-withdrawal-of-russian-forces-from-ukraine-urge-prayers-for-peace

Dokument 13

Predigt von Kyrill,
Patriarch von Moskau und von ganz Russland
(6. März 2022)

Predigt am 6. März, dem Sonntag der Vergebung, in der Christ-Erlöser-Kathedrale in Moskau, in der der Patriarch der Russisch-Orthodoxen Kirche den Krieg rechtfertigte, der als Verteidigung der Werte der christlichen Tradition gegen die Angriffe der Schwulenlobby angesehen wird.

Im Namen des Vaters und des Sohnes und des Heiligen Geistes!

Ich gratuliere Ihnen allen, meine lieben Amtsträger, Väter, Brüder und Schwestern, von Herzen zu diesem Sonntag, dem Sonntag der Vergebung, dem letzten Sonntag vor dem Beginn der Heiligen Vierzig Tage, der Großen Fastenzeit!

Die Große Fastenzeit wird von vielen Asketen als der geistliche Frühling bezeichnet. Sie fällt mit dem irdischen Frühling zusammen und wird gleichzeitig vom Bewusstsein der Kirche als geistlicher Frühling wahrgenommen. Was ist der Frühling? Der Frühling ist die Wiedergeburt des Lebens, er ist Erneuerung, er ist neue Kraft. […]

Aber wir wissen, dass dieser Frühling von schwerwiegenden Ereignissen im Zusammenhang mit der Verschlechterung der politischen Lage im Donbass, ja fast dem Beginn der Feindseligkeiten, überschattet wurde. Ich möchte etwas zu diesem Thema sagen. Seit acht Jahren wird versucht, Bestehendes im Donbass zu zerstören. Dort gibt es eine grundsätzliche Ablehnung der so genannten Werte, die heute von denen beworben werden, die die Weltmacht beanspruchen.

Für die Loyalität zu dieser neuen Weltordnung gibt es heute einen Test, eine Art Passierschein für diese „glückliche" Welt, die Welt des übermäßigen Konsums, die Welt der falschen „Freiheit". Wissen Sie, was dieser Test ist? Der Test ist sehr einfach und gleichzeitig schrecklich – es ist die so genannte Gay Pride Parade. Die Aufforderung eine Schwulenparade zu veranstalten, ist ein Test ihrer Loyalität gegenüber der neuen Weltordnung; und wir wissen, wenn Menschen oder Länder diese Aufforderung ablehnen, dann treten sie nicht in diese Weltordnung ein, sie werden ihr fremd.

Aber wir wissen, was diese Sünde ist, die durch solche Paraden gefördert wird. Es ist eine Sünde, die vom Wort Gottes, sowohl im Alten als auch im Neuen Testament, verurteilt wird. Und der Herr, der die Sünde verurteilt, verurteilt den Sünder nicht. Er ruft ihn nur zur Umkehr auf, nicht aber dazu, dass durch einen sündigen Menschen und sein Verhalten die Sünde zum Lebensstandard wird oder zu einer Variante des menschlichen Verhaltens, die als respektiert und akzeptabel gilt.

Wenn die Menschheit anfängt zu glauben, dass Sünde kein Verstoß gegen Gottes Gesetz ist, wenn die Menschheit zustimmt, dass Sünde eine der Optionen für menschliches Verhalten ist, dann wird die menschliche Zivilisation dort enden. Und die Schwulenparaden sollen zeigen, dass Sünde eine der legitimen Möglichkeiten menschlichen Verhaltens ist. Deshalb muss man eine Schwulenparade veranstalten, um in den Club der „freien" Länder aufgenommen zu werden. Es geht nicht darum, eine politische Erklärung abzugeben: „Wir stehen zu euch", keine Abkommen zu unterzeichnen, sondern eine Schwulenparade abzuhalten. Und wir wissen, wie sich die Menschen gegen diese Forderungen wehren und wie dieser Widerstand mit Gewalt unterdrückt wird. Das bedeutet, dass es darum geht, den Menschen mit Gewalt eine Sünde aufzuzwingen, die von Gottes Gesetz verurteilt wird, und ihnen somit mit brutaler Gewalt die Leugnung Gottes und seiner Wahrheit aufzuzwingen.

Deshalb hat das, was heute auf der Ebene der internationalen Beziehungen geschieht, nicht nur politische Bedeutung. Es geht um etwas anderes und viel Wichtigeres als Politik. Es geht um das Heil des Menschen, darum, auf welcher Seite die Menschheit am Ende stehen wird, auf der Seite Gottes, des Erlösers, der als ihr Richter und Schöpfer in die Welt kommt, rechts oder links. Heute gehen viele aus Schwäche, Dummheit, Unwissenheit und meist auch aus Unwillen, sich zu wehren auf die linke Seite. Und alles, was mit der Rechtfertigung der Sünde zusammenhängt, die von der Bibel verurteilt wird, ist heute eine Prüfung für unsere Treue zum Herrn, für unsere Fähigkeit, den Glauben an unseren Erlöser zu bekennen. Alles, was ich sage, hat mehr als theoretische Bedeutung und mehr als spirituelle Bedeutung. Um dieses Thema wird heute ein regelrechter Krieg geführt.

Wer greift heute die Ukraine an, wo die Unterdrückung und Ausrottung der Menschen im Donbass seit acht Jahren andauert? Acht Jahre des Leidens, und die ganze Welt schweigt: Was soll das bedeuten? Aber wir wissen, dass unsere Brüder und Schwestern wirklich leiden;

mehr noch: sie leiden vielleicht für ihre Treue zu unserer Kirche. Und so rufe ich heute, am Sonntag der Vergebung, als euer Hirte alle auf, Sünden und Beleidigungen zu vergeben, auch dort, wo es sehr schwierig ist, wo Menschen gegeneinander Krieg führen. Aber Vergebung ohne Gerechtigkeit ist Kapitulation und Schwäche. Deshalb muss die Vergebung von der unverzichtbaren Wahrung des Rechts begleitet sein, auf der richtigen Seite der Welt zu stehen, auf der Seite der Wahrheit Gottes, auf der Seite der göttlichen Gebote, auf der Seite dessen, was das Licht Christi, sein Wort, sein Evangelium, seine größten Bündnisse, die er dem Menschengeschlecht gegeben hat, uns offenbaren.

All das zeigt, dass wir in einen Kampf getreten sind, der keine physische, sondern eine metaphysische Bedeutung hat. Ich weiß, dass die Orthodoxen, die Gläubigen, in diesem Krieg leider den Weg des geringsten Widerstands wählen und nicht über alles nachdenken, worüber wir heute nachdenken, sondern einfach dem Weg folgen, den ihnen die Machthaber vorgeben. Wir verurteilen niemanden, wir fordern niemanden auf, sich zu bekreuzigen, wir sagen uns nur: Wir werden dem Wort Gottes treu sein, wir werden seinem Gesetz treu sein, wir werden dem Gesetz der Liebe und der Gerechtigkeit treu sein, und wenn wir Verstöße gegen dieses Gesetz sehen, werden wir niemals tolerant gegenüber denen sein, die dieses Gesetz zerstören und die Grenze zwischen Heiligkeit und Sünde verwischen, und noch weniger gegenüber denen, die die Sünde als Beispiel oder als eines der Vorbilder für menschliches Verhalten fördern.

Heute leiden unsere Brüder im Donbass, die Orthodoxen, zweifellos, und wir können nicht anders, als ihnen beizustehen, vor allem im Gebet. Wir müssen beten, dass der Herr ihnen hilft, den orthodoxen Glauben zu bewahren und nicht den Versuchungen dieser Welt zu erliegen. Gleichzeitig müssen wir beten, dass so bald wie möglich Frieden einkehrt, dass das Blut unserer Brüder und Schwestern aufhört zu fließen, dass der Herr seine Barmherzigkeit auf das leidgeprüfte Land Donbass richtet, das seit acht Jahren dieses traurige Zeichen trägt, das durch menschliche Sünde und Hass entstanden ist.

[…]

Möge der Herr uns allen helfen, die Tage der Heiligen Vierzig Tage zu überstehen, damit wir würdig in die Freude der strahlenden Auferstehung Christi eintreten können. Und lasst uns beten, dass alle, die heute kämpfen, die Blut vergießen, die leiden, auch in diese Freude der Auferstehung in Frieden und Ruhe eintreten werden. Denn was für eine Freude wird es geben, wenn die einen in der Welt sind, während die anderen in der Macht des Bösen und im Leid der innerfamiliären Kriege sind?

Möge der Herr uns allen auf diese Weise und nicht anders helfen, in die Tage der Heiligen Großen Fastenzeit einzutreten, um unsere Seelen zu retten und zur Vermehrung des Guten in unserer sündigen und oft furchtbar fehlgeleiteten Welt beizutragen, damit die Wahrheit Gottes regiert und das Menschengeschlecht beherrscht und führt. Amen.

Quelle:
https://bitterwinter.org/patriarch-of-moscow-blesses-war-against-gay-prides/

Dokument 14

Offener Brief
von Metropolit Johannes von Dubna
an seine Heiligkeit Patriarch Kyrill von Moskau
(9. März 2022)

Eure Heiligkeit,

erlauben Sie mir, Ihnen in diesen bedrückenden Tagen, wo der Krieg infolge der Militärintervention der Russischen Föderation in der Ukraine mitten in Europa wütet, von der Konsternation der Gesamtheit des Erzbistums zu berichten und von unserer vollumfänglichen Solidarität mit den Opfern dieses Konfliktes.

Die Verwirrung und die Verzweiflung, die in der ganzen Welt durch diesen gewalttätigen Angriff aufgebrochen sind, verschonen auch nicht die orthodoxe Gemeinschaft in Westeuropa, erst recht nicht das Erzbistum der orthodoxen Kirchen russischer Tradition in Westeuropa, dem Gläubige unterschiedlichster Herkunft angehören. Sogar unsere Einheit sieht sich bedroht durch die Situation, die dadurch entstanden ist. Unsere Gläubigen erwarten von ihren Hirten, dass sie Träger der Stimme der Kirche seien und der Friedensbotschaft des Evangeliums.

Den Aufruf, den die Mitglieder der Heiligen Synode der Ukrainisch-Orthodoxen Kirche an Sie gerichtet haben, konnten wir mit großer Anteilnahme lesen: Sie werden gebeten, bei den politischen Autoritäten der Russischen Föderation dafür einzutreten, dass diesem Blutbad ein Ende gemacht wird.

Im Namen der Gesamtheit der Gläubigen unseres Erzbistums wende ich mich an Sie, dass Sie als Primas der Russisch-Orthodoxen Kirche gegen diesen abscheulichen und absurden Krieg Ihre Stimme erheben und bei den Machthabern der Russischen Föderation dafür eintreten, dass dieser mörderische Konflikt baldmöglichst ein Ende findet. Er schien vor nicht langer Zeit noch undenkbar zwischen zwei Völkern und zwei Nationen, die Jahrhunderte eine gemeinsame Geschichte und ihr gemeinsamer Glaube an Christus eint.

Eure Heiligkeit, in Ihrer Homilie zum Versöhnungssonntag, die Sie in der patriarchalen Christi-Erlöser-Kathedrale am 6. März gehalten haben, geben Sie zu verstehen, dass Sie diesen grausamen und mörderischen Angriffskrieg billigen als „einen metaphysischen Kampf ‚im Namen' des Rechts, sich auf der Seite des Lichts zu positionieren, auf Seiten der Wahrheit Gottes, auf Seiten dessen, was uns das Licht Christi, sein Wort, sein Evangelium offenbaren…".

Mit allem Respekt, den ich Ihnen schulde und erweise, aber auch mit einem unermesslichen Schmerz, fühle ich mich verpflichtet, Sie darauf hinzuweisen, dass ich eine solche Auslegung des Evangeliums nicht unterschreiben kann. Nichts kann rechtfertigen und niemals ist es zu rechtfertigen, wenn die „guten Hirten", die wir sein sollen, aufhören, „Friedensstifter" zu sein – und das bleibt gültig, welche Umstände auch immer eintreten.

Eure Heiligkeit, demütig und mit einem Herzen voller Trauer bitte ich Sie inständig, Ihr Möglichstes zu tun, dass dieser schreckliche Krieg ein Ende nimmt, der die Welt entzweit und nur Tod und Zerstörung sät.

† Metropolit JOHANNES von Dubna,

Erzbischof der orthodoxen Kirchen russischer Tradition in Westeuropa

Quelle:
https://archeveche.eu/de/offener-brief-an-seine-heiligkeit-patriarch-kyrill-von-moskau

Dokument 15

Erklärung zur Lehre von der „Russischen Welt" (13. März 2022)

Am Sonntag, dem 13. März, wurde der orthodoxe Sonntag gefeiert, der an den Sieg über den Ikonoklasmus, d. h. das Verbot der als götzendienerisch angesehenen Heiligenbilder, erinnert, indem beschlossen wurde, nicht mehr Götzenbilder, sondern die dem christlichen Osten so wichtigen Ikonen zu verehren. Auf der Internetseite der Akademie für Theologische Studien (Volos, Griechenland) und auf dem „Forum Public Orthodoxy" des „Orthodox Christian Studies Center" der Fordham University wurde ein Dokument mit dem Titel „Erklärung zur Lehre von der ‚Russischen Welt' (Russkij mir)" veröffentlicht. Ursprünglich von 65 orthodoxen Theologen unterzeichnet, hat das Dokument inzwischen mehr als 500 Unterschriften von Intellektuellen, hauptsächlich Theologen und Orthodoxen, aus der ganzen Welt erhalten.

Erklärung zur Lehre von der „Russischen Welt" (Ruskij Mir)

„Für den Frieden der ganzen Welt, für das Wohlergehen der heiligen Kirchen Gottes, und für die Einheit aller lasst uns zum Herrn beten."
(Göttliche Liturgie)

Die russische Invasion in die Ukraine am 24. Februar 2022 ist eine historische Bedrohung für ein Volk mit orthodoxer christlicher Tradition. Noch beunruhigender für die orthodoxen Gläubigen ist, dass die leitende Hierarchie der Russischen Orthodoxen Kirche sich geweigert hat, diese Invasion als das zu bezeichnen, was sie ist, und stattdessen vage Erklärungen über die Notwendigkeit des Friedens angesichts der „Ereignisse" und „Feindseligkeiten" in der Ukraine abgegeben hat, während sie die brüderliche Natur des ukrainischen und des russischen Volkes als Teil der „Heiligen Rus" betonte, die Feindseligkeiten dem bösen „Westen" anlastete und sogar ihre Gemeinden anwies, in einer Weise zu beten, die die Feindseligkeit noch zusätzlich fördert.

Die Unterstützung des Krieges von Präsident Wladimir Putin gegen die Ukraine durch viele Mitglieder der Hierarchie des Moskauer Patriarchats hat ihre Wurzeln in einer Form von orthodoxem ethnophyletischem religiösem Fundamentalismus mit totalitärem Charakter, genannt Russkii Mir oder „die Russische Welt", eine falsche Lehre, die viele in der orthodoxen Kirche anzieht, obgleich sie von der extremen

Rechten und auch von katholischen und protestantischen Fundamentalisten aufgegriffen und verbreitet wurde.

In den Reden von Präsident Wladimir Putin und Patriarch Kyrill (Gundiaev) von Moskau (Moskauer Patriarchat) wurde die „Russische-Welt"-Ideologie in den letzten 20 Jahren wiederholt beschworen und weiterentwickelt. Im Jahr 2014, als Russland die Krim annektierte und einen Stellvertreterkrieg im ukrainischen Donbas begann, bis hin zum Beginn des ausgewachsenen Krieges gegen die Ukraine und danach, haben Putin und Patriarch Kyrill die „Russische-Welt"-Ideologie als Hauptbegründung für die Invasion verwendet. Diese Lehre besagt, dass es eine transnationale russische Sphäre oder Zivilisation gibt, die Heiliges Russland oder Heilige Rus' genannt wird. Sie umfasst vom Anspruch her Russland, die Ukraine und Weißrussland (und manchmal Moldawien und Kasachstan) sowie ethnische Russen und russischsprachige Menschen in der ganzen Welt. Sie geht davon aus, dass diese „russische Welt" ein gemeinsames politisches Zentrum (Moskau), ein gemeinsames geistiges Zentrum (Kiew als „Mutter aller Rus'"), eine gemeinsame Sprache (Russisch), eine gemeinsame Kirche (die Russisch-Orthodoxe Kirche, das Moskauer Patriarchat) und einen gemeinsamen Patriarchen (den Patriarchen von Moskau) hat, der – dem Konzept der „symphonia" entsprechend – mit einem gemeinsamen Präsidenten/Nationalen Führer (Putin) zusammenarbeitet, um diese russische Welt zu regieren und eine gemeinsame, unverwechselbare Spiritualität, Moral und Kultur aufrecht zu erhalten.

Gegen diese „Russische Welt" (so die Lehre) steht der korrupte Westen, angeführt von den Vereinigten Staaten und den westeuropäischen Nationen, der vor dem „Liberalismus", der „Globalisierung", der „Christenfeindlichkeit", den in Schwulenparaden propagierten „Rechten von Homosexuellen" und dem „militanten Säkularismus" kapituliert hat. Gegenüber dem Westen und denjenigen Orthodoxen, die dem Schisma und dem Irrtum verfallen sind (wie der Ökumenische Patriarch Bartholomäus und andere orthodoxe Ortskirchen, die ihn unterstützen), stehen das Moskauer Patriarchat und Wladimir Putin da als die wahren Verteidiger der orthodoxen Lehre, die sie im Sinne einer traditionellen Moral, eines rigorosen und unflexiblen Traditionsverständnisses und der Verehrung des Heiligen Russlands verstehen und akzentuieren.

Seit der Inthronisierung von Patriarch Kyrill im Jahr 2009 haben sich die führenden Persönlichkeiten des Moskauer Patriarchats sowie

Sprecher des russischen Staates immer wieder auf diese Grundsätze berufen, um die theologischen Grundlagen der orthodoxen Einheit zu untergraben. Das Prinzip der ethnischen Organisation von Kirche wurde auf dem Konzil von Konstantinopel im Jahr 1872 verurteilt. Die falsche Lehre des Ethnophyletismus ist die Grundlage der „Russischen-Welt"-Ideologie. Wenn wir solche falschen nationalreligiösen Prinzipien für gültig erachten, dann hört die orthodoxe Kirche auf, die Kirche des Evangeliums Jesu Christi, der Apostel, des Nizäno-Konstantinopolitanischen Glaubensbekenntnisses, der Ökumenischen Konzilien und der Kirchenväter zu sein. Einheit wird dadurch intrinsisch unmöglich.

Deshalb lehnen wir die Irrlehre von der „Russischen Welt" und die schändlichen Handlungen der russischen Regierung, die mit Duldung der Russisch-Orthodoxen Kirche einen Krieg gegen die Ukraine entfesselt hat, der sich aus dieser abscheulichen und unhaltbaren Lehre ergibt, als zutiefst unorthodox, unchristlich und gegen die Menschheit gerichtet ab. Denn diese ist dazu berufen, „gerechtfertigt…erleuchtet…und gewaschen zu werden im Namen unseres Herrn Jesus Christus und durch den Geist Gottes" (Taufritus). So wie Russland in die Ukraine gewaltsam eingedrungen ist, so ist auch das Moskauer Patriarchat von Patriarch Kyrill in die orthodoxe Kirche anderer Kontinente eingedrungen, z.B. in Afrika, und hat Spaltung und Zwietracht verursacht, mit unzähligen Opfern nicht nur am Leib, sondern auch an der Seele, was das Heil der Gläubigen gefährdet.

Angesichts der Lehre von der „russischen Welt", die die Kirche verwüstet und spaltet, sind wir durch das Evangelium unseres Herrn Jesus Christus und die heilige Tradition seines

lebendigen Leibes, der orthodoxen Kirche, inspiriert, die folgenden Wahrheiten zu verkünden und zu bekennen:

1. „Jesus antwortete: Mein Reich ist nicht von dieser Welt. Wäre mein Reich von dieser Welt, meine Diener würden darum kämpfen, dass ich den Juden nicht überantwortet würde; aber nun ist mein Reich nicht von hier." (Johannes 18,36).

Wir bekräftigen, dass das von Gott gewollte Ziel und die Vollendung der Geschichte, ihr Telos, das Kommen des Reiches unseres Herrn Jesus Christus ist, eines Reiches der Gerechtigkeit, des Friedens und der Freude im Heiligen Geist, eines Reiches, das von der Heiligen Schrift in der autoritativen Auslegung der Väter bezeugt wird. Dies ist das Reich, an dem wir durch einen Vorgeschmack in jeder Heiligen Liturgie teilhaben: „Gepriesen sei das Reich des Vaters, des Sohnes und des Heiligen Geistes, jetzt und immerdar und bis in alle Ewigkeit!" (Göttliche Liturgie). Dieses Reich ist die einzige Grundlage und Autorität für die Orthodoxen, ja für alle Christen. Für die Orthodoxie als Leib des lebendigen Christus gibt es keine andere Offenbarungsquelle, keine andere Grundlage für Gemeinschaft, Gesellschaft, Staat, Recht, persönliche Identität und Lehre als die, die in unserem Herrn Jesus Christus und dem Geist Gottes, von ihnen und durch sie geoffenbart ist.

Wir verurteilen daher und lehnen als unorthodox ab jede Lehre, die versucht, das Reich Gottes, das von den Propheten geschaut, von Christus verkündet und eingesetzt, von den Aposteln gelehrt, von der Kirche als Weisheit angenommen und von den Vätern als Dogma festgelegt wurde und in jeder heiligen Liturgie erlebt wird, zu ersetzen durch ein Reich dieser Welt, sei es die Heilige Rus, das Heilige Byzanz oder irgendein anderes irdisches Reich, und damit die Autorität Christi, das Reich Gott dem Vater zu übergeben (1. Korinther 15: 24), zu usurpieren, und Gottes Macht zu leugnen, jede Träne von jedem Auge abzuwischen (Offenbarung 21,4). Wir verurteilen entschieden jede Form von Theologie, die leugnet, dass Christen Fremdlinge und Flüchtlinge in dieser Welt sind (Hebräer 13,14), d.h. die Tatsache, dass „unser Bürgerrecht im Himmel ist und wir von dort den Retter, den Herrn Jesus Christus, erwarten" (Philipper 3,20) und dass Christen „in ihren jeweiligen Ländern wohnen, aber nur als Gäste. Sie nehmen an allem teil wie Bürger und lassen sich alles gefallen wie Fremde. Jedes fremde Land ist ihre Heimat, und jede Heimat ist ein fremdes Land" (Brief an Diognet, 5).

2. „So gebt dem Kaiser, was des Kaisers ist, und Gott, was Gottes ist!" (Matthäus 22,21)

Wir bekräftigen, dass wir in Erwartung des endgültigen Triumphs des Reiches Gottes die alleinige und endgültige Autorität unseres Herrn Jesus Christus anerkennen. In diesem Zeitalter sorgen irdische Herrscher für Frieden, damit das Volk Gottes „ein ruhiges und geordnetes Leben in aller Gottseligkeit und Heiligkeit" (Göttliche Liturgie) führen kann. Dennoch gibt es keine Nation, keinen Staat und keine Ordnung des menschlichen Lebens, die einen höheren Anspruch auf uns erheben kann als Jesus Christus, in dessen Namen sich „beugen sollen aller derer Knie, die im Himmel und auf Erden und unter der Erde sind" (Philipper 2,10).

Wir verurteilen daher und lehnen als unorthodox ab jede Lehre, die das Reich Gottes, das sich in der einen heiligen Kirche Gottes manifestiert, irgendeinem Reich dieser Welt unterordnen würde, das nach anderen kirchlichen oder weltlichen Herren sucht, die uns rechtfertigen und erlösen können. Wir lehnen entschieden alle Regierungsformen ab, die den Staat vergöttern (Theokratie) und die Kirche absorbieren und sie ihrer Freiheit, prophetisch gegen alles Unrecht aufzutreten, berauben. Wir verwerfen auch all jene, die den Cäsaropapismus unterstützen und ihren letztendlichen Gehorsam gegenüber dem gekreuzigten und auferstandenen Herrn durch den Gehorsam gegenüber jedem Führer ersetzen, der mit unbegrenzten Herrschaftsbefugnissen ausgestattet ist und behauptet, selber Gottes Gesalbter zu sein, ob er nun den Titel „Cäsar", „Kaiser", „Zar" oder „Präsident" trägt.

3. „Hier ist nicht Jude noch Grieche, hier ist nicht Sklave noch Freier, hier ist nicht Mann noch Frau; denn ihr seid allesamt einer in Christus Jesus." (Galater 3,28).

Wir bekräftigen, dass die Aufteilung der Menschheit in Gruppen auf der Grundlage von Rasse, Religion, Sprache, ethnischer Zugehörigkeit oder irgendeinem anderen sekundären Merkmal der menschlichen Existenz ein Kennzeichen dieser unvollkommenen und sündigen Welt ist, das nach der patristischen Tradition als „Unterscheidungen des Fleisches" (Gregor von Nazianz, Rede 7, 23) bezeichnet wird. Die Behauptung der Überlegenheit einer Gruppe gegenüber anderen ist ein charakteristisches Übel solcher Unterscheidungen, die im völligen Gegensatz zum Evangelium stehen, in dem alle eins und gleich in Christus sind, alle sich vor ihm für ihre Taten verantworten müssen und alle Zugang zu seiner Liebe und Vergebung haben – nicht als Mitglieder bestimmter sozialer oder ethnischer Gruppen, sondern als Personen, die gleichermaßen nach dem Bild und Gleichnis Gottes geschaffen und geboren sind (Genesis 1,26).

Wir verurteilen daher jede Lehre als nicht-orthodox und lehnen sie ab, die einer einzelnen lokalen, nationalen oder ethnischen Identität göttliche Einsetzung oder Autorität, besondere Heiligkeit oder Reinheit zuschreibt oder eine bestimmte Kultur als besonders oder göttlich gewollt charakterisiert, sei sie griechisch, rumänisch, russisch, ukrainisch oder eine andere.

4. Ihr habt gehört, dass gesagt ist: ‚Du sollst deinen Nächsten lieben' und deinen Feind hassen. Ich aber sage euch: Liebt eure

Feinde und bittet für die, die euch verfolgen, auf dass ihr Kinder seid eures Vaters im Himmel. Denn er lässt seine Sonne aufgehen über Böse und Gute und lässt regnen über Gerechte und Ungerechte." (Matthäus 5,43–45)

Wir bekräftigen – dem Gebot unseres Herrn folgend –, dass, wie der heilige Siluan von Athos erklärt, „die Gnade Gottes nicht in dem Menschen ist, der seine Feinde nicht liebt", und dass wir keinen Frieden erfahren können, solange wir unsere Feinde nicht lieben. So ist das Führen von Kriegen der ultimative Verstoß gegen das Gesetz der Liebe Christi.

Wir verurteilen daher jede Lehre und lehnen sie als unorthodox ab, die zu Spaltung, Misstrauen, Hass und Gewalt zwischen Völkern, Religionen, Konfessionen, Nationen oder Staaten ermutigt. Wir verurteilen ferner jede Lehre als nicht-orthodox und lehnen sie ab, die diejenigen dämonisiert oder zur Dämonisierung ermutigt, die der Staat oder die Gesellschaft als „anders" betrachtet, einschließlich Ausländern, politisch und religiös Andersdenkenden und anderen stigmatisierten sozialen Minderheiten. Wir lehnen jede manichäische und gnostische Spaltung ab, die eine heilige orthodoxe östliche Kultur und ihre orthodoxen Völker über einen entwürdigten und unmoralischen „Westen" erheben würde. Es ist besonders verwerflich, andere Nationen durch besondere liturgische Bitten der Kirche zu verurteilen, indem man die Mitglieder der orthodoxen Kirche und ihre Kulturen als geistlich in besonderer Weise geheiligt gegenüber den fleischlichen, weltlichen „Heterodoxen" erhebt.

5. „Geht aber hin und lernt, was das heißt: ‚Barmherzigkeit will ich und nicht Opfer.' Ich bin nicht gekommen, Gerechte zu rufen, sondern Sünder." (Matthäus 9,13; vgl. Hosea 6,6 und Jesaja 1,11–17).

Wir bekräftigen, dass Christus uns aufruft, persönliche und gemeinschaftliche Nächstenliebe gegenüber den Armen, den Hungernden, den Obdachlosen, den Flüchtlingen, den Migranten, den Kranken und Leidenden zu üben und Gerechtigkeit für die Verfolgten, Bedrängten und Bedürftigen zu suchen. Wenn wir uns dem Ruf unseres Nächsten verweigern, ja, wenn wir stattdessen unseren Nächsten schlagen und berauben und ihn am Wegesrand leiden und sterben lassen (Gleichnis vom barmherzigen Samariter, Lukas 10,25–37), dann sind wir nicht in der Liebe Christi auf dem Weg zum Reich Gottes, sondern haben uns zu Feinden Christi und seiner Kirche gemacht. Wir sind aufgerufen, nicht nur für den Frieden zu beten, sondern aktiv und prophetisch aufzustehen und Ungerechtigkeit zu verurteilen, um Frieden zu stiften, selbst wenn es uns das Leben kostet. „Selig sind, die Frieden stiften; denn sie werden Gottes Kinder heißen." (Matthäus 5,9). Das Opfer der Liturgie und des Gebets darzubringen und sich gleichzeitig zu weigern, opferbereit zu handeln, ist ein Opfer, das zur Verurteilung führt, weil es im Widerspruch zu dem steht, was in Christus dargebracht wird (Matthäus 5,22–26 und 1. Korinther 11,27–32).

Wir verurteilen daher jede Förderung des geistlichen „Quietismus" unter den Gläubigen und dem Klerus der Kirche, vom höchsten Patriarchen bis hinunter zum bescheidensten Laien, als nicht orthodox und lehnen sie ab. Wir tadeln diejenigen, die für den Frieden beten, es aber versäumen, aktiv Frieden zu schaffen, sei es aus Angst oder aus Mangel an Glauben.

6. „Wenn ihr bleiben werdet an meinem Wort, so seid ihr wahrhaftig meine Jünger und werdet die Wahrheit erkennen, und die Wahrheit wird euch frei machen." (Johannes 8,31–32).

Wir bekräftigen, dass Jesus seine Jünger aufruft, nicht nur die Wahrheit zu kennen, sondern auch die Wahrheit zu sagen: „Eure Rede aber sei: Ja, ja; nein, nein. Was darüber ist, das ist vom Bösen." (Matthäus 5:37). Eine groß angelegte Invasion eines Nachbarlandes durch die zweitgrößte Militärmacht der Welt ist nicht nur eine „spezielle Militäroperation", ein „Ereignis" oder ein „Konflikt" oder ein anderer Euphemismus, der gewählt wurde, um die Realität der Situation zu leugnen. Vielmehr handelt es sich um eine groß angelegte militärische Invasion, die bereits zahlreiche zivile und militärische Todesopfer gefordert, das Leben von mehr als vierundvierzig Millionen Menschen gewaltsam gestört und über zwei Millionen Menschen vertrieben hat (Stand: 13. März 2022). Diese Wahrheit muss gesagt werden, so schmerzlich sie auch sein mag.

Wir verurteilen daher jede Lehre oder Handlung als nicht orthodox und lehnen sie ab, die sich weigert, die Wahrheit auszusprechen, oder die Wahrheit angesichts der Übel, die gegen das Evangelium Christi in der Ukraine verübt werden, aktiv unterdrückt. Wir verurteilen aufs Schärfste jedes Gerede vom „Bruderkrieg", von der „Wiederholung der Sünde Kains, der seinen eigenen Bruder aus Neid tötete", wenn es nicht ausdrücklich die mörderische Absicht und die Schuld der einen Partei gegenüber der anderen anerkennt (Offenbarung 3,15–16). Wir erklären, dass die Wahrheiten, die wir bekräftigt haben, und die Irrtümer, die wir als unorthodox verurteilt und abgelehnt haben, auf dem Evangelium Jesu Christi und der heiligen Tradition des orthodoxen christlichen Glaubens beruhen. Wir rufen alle, die diese Erklärung annehmen, dazu auf, bei ihren kirchenpolitischen Entscheidungen diese theologischen Grundsätze zu beachten. Wir bitten alle, die diese Erklärung betrifft, zur „Einigkeit im Geist durch das Band des Friedens" (Epheser 4,3) zurückzukehren.

13. März 2022 – Sonntag der Orthodoxie

Unterschriftenliste:
https://docs.google.com/spreadsheets/d/1Nl-0JXVZmAwTqtNw4FV_mgZO0cWWyBCgXfkRcRI7bqc/edit#gid=1998573025

Quelle:
https://publicorthodoxy.org/wp-content/uploads/2022/03/2022.03.22-Declaration-German.pdf

Dokument 16

Schreiben des Generalsekretärs der Russischen Evangelischen Allianz (12. März 2022)

Vitaly Vlasenko ist der Generalsekretär der Russischen Evangelischen Allianz. In diesem Brief, der sich an alle Gläubigen in der ganzen Welt richtet, hebt er seine Besorgnis über den Konflikt hervor und erklärt, dass er immer gegen eine bewaffnete Konfrontation war, und erinnert an die Maßnahmen, die ergriffen wurden, um einen Krieg zu vermeiden. Der Text ist eine klare Analyse des Konflikts und drückt eine tiefe Solidarität mit den Ukrainern aus, die eindeutig als Opfer gesehen werden.

An meine lieben Brüder und Schwestern in der ganzen Welt:

Als Generalsekretär der Russischen Evangelischen Allianz trauere ich darüber, was mein Land mit seiner jüngsten militärischen Invasion einem anderen souveränen Land, der Ukraine, angetan hat.

Für mich, wie auch für viele andere Christen, war die militärische Invasion ein Schock. Selbst unter der schlimmsten Annahme hätte ich mir nicht vorstellen können, was jetzt in der Ukraine zu sehen ist. Zwei eng miteinander verwandte Völker, von denen viele tief im christlichen (vor allem orthodoxen) Glauben verwurzelt sind, befinden sich nun in einem erbitterten Kampf – die eine Seite verfolgt das Ziel, die Ukraine zu entmilitarisieren, die andere versucht, ihr Land vor der Besetzung zu retten.

Viele Russen und Ukrainer haben enge Familienbeziehungen im jeweils anderen Land. Ein Russe hat möglicherweise Töchter und Enkelkinder, die in Kiew leben; ein Ukrainer hat eventuell Kinder, die in Moskau leben und arbeiten. Heute durchdringen Schmerz, Angst und tiefe Sorge um ihre Angehörigen und um die Zukunft ihres eigenen Lebens und Landes die Herzen vieler Menschen wie Blitze. Denn seit dem Zweiten Weltkrieg weiß niemand mehr, wo die Grenzen des Krieges und seiner Folgen liegen könnten.

Heute sterben Soldaten auf der einen und auf der anderen Seite. Friedvolle Empfindungen werden durch Bombardements und Beschuss zerstört, und eine Flut in Form von Flüchtlingen zieht besondere Aufmerksamkeit auf sich und strömt nach Europa: Frauen, alte Menschen und Kinder.

All diese Ereignisse rufen in mir tiefe Trauer, Bitterkeit und Bedauern über die Entscheidungen der Führung meines Landes hervor, aber auch ein großes Mitgefühl für diejenigen, die unter dieser Entscheidung leiden. Alles, was ich tun konnte, um einen Krieg zu verhindern, habe ich in dem Versuch unternommen, diese militärische Invasion zu stoppen:

In meiner Eigenschaft als Generalsekretär der Russischen Evangelischen Allianz habe ich am Tag vor der Invasion einen offenen Brief an Präsident Wladimir Putin geschrieben, in dem ich die Bitte der religiösen Führer der Ukraine um eine friedliche Lösung aller Konflikte unterstützte. Wir initiierten Fasten und Gebet für Frieden und Harmonie zwischen Russland und der Ukraine.

Unsere Allianz beteiligte sich am öffentlichen Gebet an der Seite russischer, ukrainischer und europäischer Führer für die Versöhnung aller Parteien.

Die Russische Evangelische Allianz leistete humanitäre Hilfe für mehr als 500 Flüchtlinge aus der Ukraine, die in Südrussland stationiert sind, und initiierte einen Runden Tisch mit anschließender internationaler Konferenz zum Thema militärische und politische Konflikte.

Heute entschuldige ich mich als Bürger und Generalsekretär der Russischen Evangelischen Allianz bei all jenen, die unter diesem militärischen Konflikt gelitten, Angehörige und Verwandte oder ihren Wohnsitz verloren haben. Ich bete, dass Sie vom Herrn die Kraft empfangen, ihre Hand der Solidarität und Vergebung auszustrecken, damit wir als Volk Gottes in unserer Welt leben können.

Möge unser himmlischer Vater uns allen helfen.

In tiefer Hochachtung, Ihr Bruder im Herrn,

Vitaly Vlasenko

Quelle:
https://www.thomasschirrmacher.info/blog/der-generalsekretaer-der-russischen-evangelischen-allianz-bittet-um-vergebung

Dokument 17

Erklärung
der Gemeinschaft Evangelischer Kirchen in Europa zum Krieg in der Ukraine
(18. März 2022)

Der Rat der GEKE (Gemeinschaft Evangelischer Kirchen in Europa), dem lutherische, methodistische und reformierte Kirchen aus über dreißig europäischen Ländern und einigen lateinamerikanischen Staaten angehören, hat sich in einem dreiteiligen Dokument mit dem russischen Einmarsch in der Ukraine befasst: *Als Kirchen beten wir; als Kirchen erheben wir unsere Stimme; als Kirchen helfen wir.*

Der Krieg, den die Russische Föderation seit 2014 gegen die Ukraine führt, hat mit den russischen Angriffen seit 24. Februar 2022 eine neue Phase erreicht. Als GEKE stehen wir an der Seite aller Menschen, die in der Ukraine unerträgliche Not leiden. Wir tun dies auf dreifache Weise: Wir **beten**, wir **erheben unsere Stimmen**, und wir **helfen**. Gemeinsam **beten** und klagen wir und befehlen die Menschen der Ukraine dem Gott des Friedens und der Gerechtigkeit an. Im Gebet können wir dem Entsetzen und der Furcht Ausdruck verleihen, die wir empfinden, wenn unser Kontinent erneut durch einen Krieg zerrissen wird. **Wir erheben unsere Stimmen** und verurteilen den Bruch des Völkerrechts durch den russischen Präsidenten Putin. Wir sind solidarisch mit allen Schwestern und Brüdern, die für den Frieden und die Versöhnung arbeiten. **Wir helfen**, indem wir im Rahmen unserer Möglichkeiten alle Leidtragenden finanziell, materiell und logistisch unterstützen und ihnen bei der Integration in ihren neuen Gemeinschaften helfen. Als Kirchengemeinden und Einzelpersonen bieten wir denjenigen, die vor den Gräueltaten des Krieges fliehen, unsere Gastfreundschaft an.

1. Als Kirchen beten wir

Als Kirchen sind wir zum Gebet aufgerufen. (1 Thess 5,17). Wir bringen unsere Klage zum Ausdruck und geben Zeugnis von der Kraft und der Verheißung des Gebets. In dieser Passionszeit schließen wir uns auf dem gesamten europäischen Kontinent zusammen, um unseren

Schwestern und Brüdern in Not beizustehen und um vor Gott Fürbitte zu halten.

Friedensgebet

Allmächtiger Gott – du bist der Gott des Friedens und der Gerechtigkeit.
Wir beten für unsere Schwestern und Brüder in der Ukraine und an allen Orten, die unter Krieg leiden.
So rufen wir zu dir in Wut und Angst, wir beten, dass Friede herrschen soll und die Gerechtigkeit siegt.

Kyrie eleison, Herr, sei uns gnädig.

Jesus Christus – du bist der Friedefürst.
Wir beten, dass die Waffen schweigen mögen.
Wir beten für diejenigen, die Macht über Frieden und Krieg haben.
Schenke ihnen Weisheit und Mitgefühl in ihren Entscheidungen und führe sie auf den Weg des Friedens.

Kyrie eleison, Herr, sei uns gnädig.

Geist der Wahrheit und des Trostes – du hast die Kraft zu heilen und zu versöhnen.
Wir beten für diejenigen, die geliebte Menschen oder ihr Zuhause verloren haben,
die Essen, Trinken, Schlaf und Sicherheit bitter nötig haben.
Wir beten, dass du deine Kinder sicher bewahrst.
Wir bitten dich, schenke uns einen wachen Geist, weite Herzen und offene Arme, um jenen beizustehen, die Not leiden.

Kyrie eleison, Herr, sei uns gnädig.

2. Als Kirchen erheben wir unsere Stimmen

Zeugnis geben im Angesicht der Macht

Als Kirchen sind wir aufgerufen, Ungerechtigkeit und Leid entgegenzutreten und unsere Stimme für die zu erheben, die sprachlos und ohne Stimme sind (Sprüche 31,8). Im Lichte unserer Verantwortung vor Gott, unseren Mitmenschen und der Schöpfung verurteilt die GEKE die einseitigen Angriffe der Russischen Föderation auf den souveränen Staat Ukraine als einen Bruch des Völkerrechts und eine Verletzung der Menschenrechte. Als Christen sind wir berufen, Friedensstifter zu sein (Mt 5,9). Das bedeutet, dass Kirchen niemals Krieg oder gewaltsame Konflikte rechtfertigen können. Wir lehnen militärische Aggressionen als ungeeignetes und inakzeptables Mittel der Konfliktlösung strikt ab. Gleichzeitig sind wir zu verantwortungsvollem Handeln und zum Schutz der Schwachen aufgerufen. Daher stimmen wir mit der Charta der Vereinten Nationen überein, dass die Ukraine das legitime Recht auf Selbstverteidigung hat.

Wir glauben, dass der Staat dazu berufen ist, nach Gottes Willen für Gerechtigkeit und Frieden für alle Menschen zu sorgen. Wir erkennen die Entscheidungen der Staaten an, der Ukraine durch die Lieferung von Verteidigungsgütern Unterstützung anzubieten. Die Komplexität der Themen, um die es hier geht, könnte drohen uns zu erdrücken und zu lähmen. Wir fragen uns: Wie können wir als Kirchen Akteure des Friedens und der Versöhnung sein, ohne dem grobem Unrecht und den Menschenrechtsverletzungen bloß stumm zuzusehen? Es gibt hier keine leichten Antworten. Und wir erkennen an, dass jedes Handeln – und Nicht-Handeln – mit Schuld verbunden ist. Wie Dietrich Bonhoeffer es ausdrückte „wird jeder verantwortlich Handelnde schuldig". Doch wir vertrauen der Gnade Gottes, der uns zu verantwortlichem Handeln aufruft. Zur Verantwortung gehört auch die Bereitschaft zur kritischen Selbstreflexion. Wir erkennen und bereuen, wo wir, unsere Kirchen, unsere Theologien, selbstgefällig geworden sind, wo wir uns auf uns selbst und unsere Bedürfnisse konzentriert haben und unsere wichtigste Aufgabe vernachlässigt haben, „Salz und Licht für die Welt" (Mt 5,13–16) zu sein. Zur Verantwortung gehört auch die Bereitschaft, Unannehmlichkeiten in Kauf zu nehmen. Wirksame Wirtschaftssanktionen gegen Russland haben unweigerlich Auswirkungen auf den Lebensstandard in den eigenen Gemeinschaften. Hier ist es die Aufgabe der Kirchen, stellvertretend zu handeln und die Aufmerksamkeit auf die Schwächsten in der Gesellschaft zu lenken, in unseren eigenen Ländern und darüber hinaus – denn der Krieg in der Ukraine hat auch für viele schwache Länder des Globalen Südens katastrophale Folgen (wie zum Beispiel steigende Lebensmittel- und Gaspreise).

Solidarität zeigen

Wir sind solidarisch mit den Menschen in der Ukraine, die unter enormer Not leiden. Wir stehen an der Seite der Menschen in Russland, die bereit sind, für ihre mutige Kritik an Putins Krieg Geld- oder sogar Haftstrafen zu riskieren. Wir stehen an der Seite der Menschen in den Nachbarländern, die sich bedroht fühlen. Wir unterstützen sie durch unsere Gebete, Worte und Taten. Gleichzeitig stellen wir klar, dass wir den Angriffskrieg Putins zwar verurteilen, aber nicht das gesamte russische Volk dafür verantwortlich machen. Wir lehnen antirussische Handlungen und Stimmungen entschieden ab.

Für Versöhnung arbeiten

Als Kirchen bezeugen wir die Wahrheit, dass diese Welt mit Gott durch Christus versöhnt worden ist und dass wir berufen sind, Botschafterinnen und Botschafter der Versöhnung zu sein (2 Kor 5,19f) nicht nur mit Gott, sondern auch unter den Menschen (Eph 2,14–16). Die Geschichte zeigt, dass ein dauerhafter Frieden der Versöhnung bedarf. Putins Krieg gegen die Ukraine und seine Drohungen gegen die NATO und westliche Länder zeigen, dass nach dem Ende des Kalten Krieges Chancen für eine echte und nachhaltige Versöhnung versäumt wurden, weil zugelassen wurde, dass latenter Hass, Vorurteile und Stereotype fortbestehen konnten. Da dieser Krieg neue Überlegungen zu Fragen der Sicherheit, Verteidigung und Zusammenarbeit in Europa auslöst, verpflichten wir uns, an diesem Prozess mitzuwirken, nicht zuletzt durch unser Engagement für die Versöhnung in der Ukraine und darüber hinaus.

3. Als Kirchen helfen wir

Als Kirchen geben wir

Als Kirchen sind wir aufgerufen, zu geben und Notleidende zu unterstützen (Mt 25,40). Das unmittelbare Handeln der Kirchen umfasst die praktische Unterstützung derjenigen, die vor dem Krieg fliehen, wie auch derjenigen, die in der Ukraine bleiben, sowie Engagement für Flüchtlinge aus anderen Teilen der Welt. Das ist tätige Nächstenliebe. Wir danken allen, die so handeln. In vielen europäischen Ländern haben sich kirchliche Netzwerke gebildet, die finanzielle, materielle und logistische Unterstützung leisten und geflüchteten Menschen bei der Integration in ihre neuen Gemeinschaften helfen.

Als Kirchen bieten wir Gastfreundschaft an

Als Kirchen nehmen wir geflüchtete Menschen auf und bieten unseren Schwestern und Brüdern in Not unsere Gastfreundschaft an (Hebr 13,2).

Nahezu drei Millionen Menschen wurden bereits gezwungen, die Ukraine zu verlassen; unzählige wurden innerhalb des Landes vertrieben. Wir unterstützen durch Handeln und Gebet die Nachbarländer der Ukraine, die am aktivsten Gastfreundschaft erweisen. Es wird erwartet, dass noch viel mehr Menschen das Land verlassen und in anderen europäischen Ländern nach Schutz suchen werden. Durch die erstmalige Aktivierung der Richtlinie für vorübergehenden Schutz ermöglichen die EU-Mitgliedstaaten eine unbürokratische Soforthilfe für Bedürftige, und andere Länder haben schnelle Vorkehrungen getroffen, um Flüchtlingen einen einfachen Zugang zu Sicherheit zu ermöglichen. Wir sehen das als ein bemerkenswertes Zeichen der europäischen Solidarität mit der Ukraine. Wir begleiten im Gebet alle, die aktive Unterstützung und Gastfreundschaft für geflüchtete Menschen anbieten.

Rat der GEKE, Straßburg, den 18. März 2022

Quelle:
https://www.leuenberg.eu/cpce-statement-on-the-war-on-ukraine

Dokument 18

Beten und handeln Sie, um Frieden zu schaffen und die Menschenrechte zu verteidigen.
(7. März 2022)

Am 4. März 2022 veröffentlichte die FCEI (Föderation der Evangelischen Kirchen in Italien) ein Dokument zum Krieg in der Ukraine mit dem Titel „Beten und handeln, um Frieden zu schaffen und die Menschenrechte zu verteidigen", das die Position ihrer Mitgliedskirchen zum Ausdruck bringt.

Beten und handeln Sie, um Frieden zu schaffen und die Menschenrechte zu verteidigen.

Ein Appell der italienischen evangelischen Kirchen

„Selig sind, die Frieden stiften; denn sie werden Gottes Kinder heißen." (Matthäus 5,9)

Mit Schmerz und Bestürzung sehen auch wir, evangelische Christinnen und Christen, den schrecklichen Krieg, den Russland seit Tagen gegen die Ukraine, auf europäischem Boden, zwischen Völkern alter christlicher Tradition führt.

Als Bürgerinnen und Bürger Europas, die seit Jahrzehnten in Frieden leben und dessen Früchte genießen, bekräftigen und erinnern wir uns daran, dass Frieden eine konkrete und anspruchsvolle Entscheidung ist, die jeden Tag neu getroffen und bekräftigt werden muss.

In der Überzeugung, dass es in diesem Konflikt sowohl Angreifer als auch Angegriffene gibt, bekräftigen wir, dass der Frieden durch Gerechtigkeit, die Achtung der Menschenrechte und die Würde der Menschen und Völker geschaffen und verteidigt wird.

Wir erkennen und bekennen unsere Sünden als Männer und Frauen, die es versäumt haben, die unter der Asche schwelende Gewalt zu begreifen, die nun in einem Krieg explodiert ist, der bereits einen unerträglichen Verlust an Menschenleben zu verzeichnen hat.

Deshalb setzen wir uns angesichts dieses Krieges in eine Haltung der Buße und beten, dass die Waffen zum Schweigen gebracht werden und dass bald eine Zeit der Heilung der Wunden beginnt, während wir gleichzeitig in Gesten der Solidarität mit den Opfern um Buße bitten.

Wir bekräftigen, dass die Notlage so vieler ukrainischer Frauen und Männer, Mädchen und Jungen, die aus ihrer Heimat und ihrem Land fliehen, innerhalb der Grenzen unseres Europas die Lage so vieler anderer Menschen in der Welt sichtbar macht, die die gleiche Tragödie erleben.

Wir bekräftigen unsere Überzeugung, dass die Türen der europäischen Länder offenbleiben müssen, um Flüchtlinge, die vor Krieg, Gewalt und Verfolgung fliehen, aufzunehmen, ganz gleich, von welchem Kontinent sie kommen.

Wir beten für diejenigen, die politische Verantwortung tragen, dass Gott ihren Verstand erleuchtet und sie auf Wege führt, die das Leben, die Würde und die Freiheit jedes Menschen achten. Lasst uns beten, dass alle christlichen Kirchen es verstehen, im Einklang mit dem Evangelium zu handeln und dass sie selbst in Ländern, in denen Konflikte herrschen, die Gründe für den Frieden und die menschliche Brüderlichkeit und Schwesternschaft fördern.

Deshalb verurteilen die Kirchen der FCEI die militärische Aggression Russlands aufs Schärfste und bringen ihre Verbundenheit und Solidarität mit den Menschen in der Ukraine zum Ausdruck.

Sie sprechen sich gegen Krieg, gegen jede Form von Gewalt und gegen jede Verletzung von Menschenrechten und Grundfreiheiten aus.

Sie rufen die Konfliktparteien auf, den Weg des Dialogs und der Diplomatie zu wählen, um alle Feindseligkeiten einzustellen.

Sie appellieren auch an die internationale Gemeinschaft, Maßnahmen zu ergreifen, um der Zivilbevölkerung humanitären Schutz zu gewähren und humanitäre Korridore zu öffnen, um ukrainische Flüchtlinge und solche von anderen Kontinenten aufzunehmen, die dasselbe Leid erfahren und dieselben Rechte und dieselbe Würde haben wie die Europäer.

Sie bekräftigen ihre Zusage, mit ökumenischen Netzwerken, humanitären Organisationen und italienischen und europäischen Institutionen zusammenzuarbeiten, um den Tausenden von Flüchtlingen – derzeit vor allem Frauen und Kinder –, die vor den Bomben aus der Ukraine fliehen, humanitären Schutz zu bieten.

Sie fordern die Kirchen vor Ort auf, die von der FCEI bereits eingeleiteten Spendenaktionen und Initiativen zu unterstützen, um den Menschen auf der Flucht zu helfen.

Schließlich laden sie die christliche ökumenische Gemeinschaft und alle, die sich für den Frieden einsetzen, zum gemeinsamen Gebet ein, um Gott zu bitten, die Opfer dieses Krieges zu schützen und die Bemühungen und Aktionen für den Frieden zu segnen.

Quelle:
https://www.fcei.it/2022/03/07/pregare-agire-costruire-pace-difendere-diritti-umani

Dokument 19

Ukraine:
Die ökumenischen Ohnmacht

Am Sonntag, den 13. März 2022, sprach Pfarrer Luca Maria Negro in der Sendung „Il cammino verso l'unità" (Der Weg zur Einheit), die in der Sendung „Culto evangelico" (Evangelischer Gottesdienst) auf Radio RAI 1 ausgestrahlt wurde, ein Thema an, das in den Kirchen große Besorgnis hervorruft, nämlich die Bedeutung und die Folgen dieses Krieges für die ökumenische Bewegung:

Der Krieg in der Ukraine ist nicht nur eine Tragödie für das ukrainische und das russische Volk und für die Völker der gesamten Region, sondern für ganz Europa: Er bedeutet auch einen dramatischen Rückschritt für die ökumenische Bewegung. In der Ukraine und in Russland sind die Kirchen in der Tat nicht Teil der möglichen Konfliktlösung, sondern Teil des Problems. Die Orthodoxie in der Ukraine scheint vor allem intern radikal gespalten zu sein, zwischen dem (bisher mehrheitlich) zum Moskauer Patriarchat gehörenden Teil und der autokephalen, d.h. unabhängigen orthodoxen Kirche, deren Autonomie 2018 vom Ökumenischen Patriarchat von Konstantinopel anerkannt wurde, nicht ohne starken Druck von ukrainischen nationalistischen Politikern und, wie es heißt, von US-Präsident Trump selbst, der darin eine Schwächung des russischen Einflussbereichs in der Ukraine gesehen haben soll.

Aber auch der moskautreue Teil der Kirche scheint intern zunehmend gespalten zu sein, denn der Moskauer Patriarch Kyrill hat zu Beginn des Konflikts seine Besorgnis über die Situation geäußert, ist aber nicht ins Detail gegangen und hat vor allem nicht klar zur Einstellung der Feindseligkeiten aufgerufen, im Gegensatz zum Metropoliten von Kiew, Onufrij, der, obwohl er selbst Mitglied des Moskauer Patriarchats ist, die russische Aggression klar verurteilt hat. Zunächst schien Kyrill seinen Kiewer Metropoliten zu unterstützen, doch im Laufe der Tage wurde immer deutlicher, wie eng der russische Patriarch mit Putin verbunden ist. Am 6. März hielt Kyrill eine Predigt, die von vielen als „fürchterlich" bezeichnet wurde und in der er den Krieg als Kampf der Kulturen zwischen Russland als wahrem christlichen Land und dem schwulenfreundlichen Westen rechtfertigte, der Gay Pride überall hin exportieren möchte. Die Pro-Putin-Haltung Kyrills hat offenbar dazu geführt, dass einige ukrainische Bischöfe des Moskauer Patriarchats beschlossen haben, Kyrill in der göttlichen Liturgie nicht mehr zu nennen, was de facto einem Schisma gleichkommt.

Was ist mit den anderen Bekenntnissen? Die verschiedenen ökumenischen Gremien und auch internationale protestantische Organisationen wie Lutheraner, Methodisten und reformierte Christen haben die russische Aggression in aller Deutlichkeit verurteilt und Patriarch Kyrill aufgefordert, gegen den Krieg Stellung zu beziehen – bisher vergeblich, wie wir gesehen haben. Die ukrainischen Baptisten, die wichtigste protestantische Konfession des Landes, haben zu Gebeten für den Frieden aufgerufen und unternehmen konkrete Anstrengungen zur Solidarität mit den vom Konflikt Betroffenen. Der Papst hat den Krieg wiederholt verurteilt, und Staatssekretär Kardinal Parolin hat die Bereitschaft des Vatikans zur Vermittlung zum Ausdruck gebracht. In gewisser Weise ist die katholische Kirche aber auch involviert, und zwar wegen der uralten Frage der „Unierten" oder ukrainischen griechisch-katholischen Kirche, d.h. der ukrainischen Orthodoxen, die sich im Laufe der Jahrhunderte mit Rom vereinigt haben und von denen einige sogar in jüngster Zeit ultranationalistische Positionen vertreten haben.

In diesem Bild der realen ökumenischen Ohnmacht gibt es zumindest ein kleines Licht, das von der Basis der Kirche kommt: Es ist der offene Brief von 233 Priestern und Diakonen der Russisch-Orthodoxen Kirche, die ein sofortiges Ende dieses „Bruderkriegs" fordern und zum Dialog aufrufen, denn „nur die Fähigkeit, dem anderen zuzuhören, kann es Hoffnung auf einen Ausweg aus dem Abgrund geben, in den unsere Länder in wenigen Tagen gestürzt wurden".

Quelle:
https://www.nev.it/nev/2022/03/13/ucraina-limpotenza-ecumenica

Dokument 20

Der russische lutherische Bischof Dietrich Brauer im Interview (17. März 2022)

„Ein Krieg gegen die Menschlichkeit"

Dietrich Brauer ist seit 2011 Bischof der Evangelisch-lutherischen Kirche Europäisches Russland (ELKER) und seit 2014 Erzbischof der Evangelisch-Lutherischen Kirche in Russland (ELKR). Der 39-jährige ist vor wenigen Tagen aus Russland mit seiner Familie nach Deutschland geflohen. Im Interview mit Magdalena Smetana, Medienbeauftragte der Prälatur Reutlingen, spricht er über den Krieg in der Ukraine und die Situation und Rolle der Kirchen in dieser Situation.

Als wir kurz nach dem Ausbruch des Ukrainekriegs miteinander per Zoom gesprochen haben, sagten Sie: „Jetzt ist die Grenze überschritten, jetzt kann ich nicht mehr schweigen." Was genau war der Moment, der Sie zum Umdenken brachte?

Dietrich Brauer: Am 24. Februar um 6 Uhr bin ich in einer neuen Welt aufgewacht. Zwei Tage vorher wären wir noch bereit gewesen, Gespräche zu führen und uns anzupassen oder uns neu zu orientieren. Aber an diesem Morgen habe ich gespürt: das geht nicht mehr. Ich hoffte, dass es ein Fake ist. Aber dann nahm ich mit den Kollegen in der Ukraine und Geschwistern in den Partnerkirchen Kontakt auf und es war klar: Jetzt gibt es kein ABER mehr.

Welches ABER meinen Sie?

Dietrich Brauer: Unsere Kirche hat immer wieder nach Lösungen gesucht. Ich in meiner Position habe versucht, Brücken zu bauen, zu vermitteln und Verständnis für beide Seiten aufzubringen. Ich war vorsichtig, auch als die Krim Russland angeschlossen wurde und gegenüber den Geschehnissen im Donbas. Auch da haben wir auf Dialog gesetzt und gemeinsam überlegt, wie wir die Gemeinden unterstützen können.

Jetzt war aber die Grenze erreicht.

Dietrich Brauer: Ja, es kam noch schlimmer. Das ist unvorstellbar. Wir durften nicht vom Krieg sprechen, nicht für den Frieden beten und keinen Kontakt zu unseren ukrainischen Geschwistern aufnehmen.

Sie haben am Sonntag nach dem Ausbruch des Krieges im Gottesdienst klare Worte gefunden. Wie waren die Reaktionen?

Dietrich Brauer: Ich habe befürchtet, Menschen würden es entweder nicht glauben, oder klein reden oder die Schuld bei beiden Parteien suchen. Aber ich war positiv überrascht, wie gut die Predigt ankam. Ich war nicht politisch, aber ich war klar. Ich sprach vom Krieg und vom Gefühl der Ohnmacht, das viele gespürt, aber keine Worte dafür hatten. Es ist wie ein enger Raum, aus dem kein Entkommen ist. Viele weinten, sprachen über ihre Ängste und es war eine große Dankbarkeit da.

Wie ging es weiter?

Dietrich Brauer: Es gab eine klare Forderung des Präsidialamtes an alle religiösen Leader, sich zu äußern und den Krieg zu unterstützen. Die meisten haben es getan. Der katholische Kollege beruft sich auf Vatikan und schweigt, der jüdische Oberrabbiner, der aber auch die amerikanische Staatsbürgerschaft hat, fand kluge Worte. Er rief alle dazu auf, sich für den Frieden einzusetzen. Dem hätten wir uns anschließen können. Ich wollte eine gemeinsame Erklärung mit allen Religionsgemeinschaften verfassen, aber dem haben sich die anderen nicht angeschlossen. Gemeinsam hätten wir etwas bewegen können.

Sie wurden 2015 als Mitglied in den „Rat für die Zusammenarbeit mit religiösen Vereinigungen" beim Präsidenten der Russischen Föderation berufen.

Dietrich Brauer: Dort sind alle traditionellen Religionsgemeinschaften vertreten. Unsere lutherische Kirche war lange Jahre nicht vertreten, weil es bisher nur deutsche Bischöfe gegeben hat. Diese wurden in den Rat nicht berufen. Deshalb war es ein Fortschritt. Wir konnten unsere Anliegen vorbringen, uns vernetzen und auch Brücken bauen. Für mich war es auch die Möglichkeit, direkt mit den Verantwortlichen zu kommunizieren.

Sie haben damals gesagt, es sei ein positives Zeichen und eine gesellschaftliche Anerkennung einer kleinen Minderheitskirche. Aus heutiger Sicht: Wie ernst waren die Schritte der orthodoxen Mehrheitskirche und des Staates auf die lutherische Kirche zu?

Dietrich Brauer: Das werden wir wohl erst im Rückblick beurteilen können. Staatlicherseits sind in dem Rat keine Theologen. Dennoch hofften wir auf Annäherung. Ich bin auf die Menschen zugegangen, habe Kontakte geknüpft, Projekte durchgeführt. Wir konnten z.B. im Jahr 2020 eine Kopie der Stalingradmadonna von Berlin nach Moskau überführen, wo sie jetzt in der Peter und Paul Kathedrale ihren festen Ort hat. Das haben wir diesen Kontakten zu verdanken.

Auch die Moskauer Kathedrale konnte nach drei Anläufen in den Besitz der Kirche rückübertragen werden. Welche Hoffnungen haben Sie selbst mit diesem Schritt verbunden?

Dietrich Brauer: Das ist auch so ein Beispiel. Wir hatten nur ein Nutzungsrecht, obwohl die Kirche eigentlich in unserem Besitz war. Der Staat war der Inhaber. Wir waren verschiedensten Schikanen ausgesetzt und es drohte jederzeit Vertragsabbruch. Es war eine totale Abhängigkeit. Ich nahm das Reformationsjubiläum als Anlass, um diesen Prozess zu beschleunigen. Dafür waren die Kontakte wichtig. Und es hat die Verantwortlichen beeindruckt, dass der Bundespräsident Frank-Walter Steinmeier tatsächlich teilgenommen hat. Beim Festakt sprach er darüber, dass diese Kathedrale ein Begegnungsort für alle Konfessionen werden kann.

In der westlichen Presse lesen wir über die Stellungnahme des Patriarchen Kyrill I. zum Krieg. Gibt es noch Möglichkeiten, Einfluss auf ihn auszuüben?

Dietrich Brauer: Das ist schwer zu sagen. Wir hörten seitens der Kirche seit Jahren ein Narrativ über Christenverfolgung und Völkermord in der Ukraine. Deshalb ist sein Handeln eine logische Konsequenz. Auch die Predigten, die wir hören, sind konsequent. Aber viele Menschen haben doch von ihm etwas erwartet.

Wie sehen Sie im Moment die Rolle der Orthodoxen Kirche im Allgemeinen. Besteht die Möglichkeit, dass sich ein Protest von unten aufbaut?

Dietrich Brauer: Manche Bischöfe äußern sich, aber viele Priester und Gläubige haben Angst. Dazu kommt noch die innere Zerrissenheit. Russen und Ukrainer, verschiedene Konfessionen haben friedlich miteinander gelebt. Aber jetzt? Wenn sie die Toten sehen und Panzer. Was sollen sie denken?

Sie sind Bischof der ELKER und Erzbischof der ELKR und tragen Verantwortung für 170 Kirchengemeinden und 50 Pfarrerinnen und Pfarrer und viele Gemeindeglieder. Wie geht es ihnen?

Dietrich Brauer: Wir haben in jeder Kirche der ELKRAS jeweils einen Bischof, der zuständig ist. Aber wir leben in einer engen Kirchengemeinschaft, sind vertraglich verbunden. Schwer zu sagen, wieviele Menschen überhaupt bleiben. Die Kirche ist in Gefahr. Unsere Geschichte ist leidvoll – früher waren wir als Deutsche stigmatisiert, selbst ich, obwohl ich schon in der dritten Generation unter Repressalien lebe und nur den russischen Pass besitze. Wir haben immer gehofft, dass diese Zeit nicht mehr wiederkommt. Jetzt müssen wir wieder von vorne anfangen.

Kann es gelingen, dass die Kirche über die Grenze hinweg zur Versöhnung beitragen kann?

Dietrich Brauer: Ich hoffe es sehr. Die Situation ist anders als 2014. Jetzt gibt es einen größeren Zusammenhalt, und die Menschen sagen, es darf uns kein Hass beherrschen. Jetzt ist Zeit zum Handeln und zum Helfen und nicht die Zeit zum Anschuldigen. Dafür bin ich dankbar.

Was können wir als Kirche, als GAW, als Christinnen und Christen im Ausland für die Glaubensgeschwister in Russland tun?

Dietrich Brauer: Eine gute Frage. Aber ich habe keine Antwort. Ich versuche, verschiedene Szenarien zu überlegen. Sollte es noch schlimmer kommen, sollte ein größerer Krieg ausbrechen, müssen wir versuchen, Menschen zu evakuieren. Eine andere Möglichkeit ist, dass alles noch länger dauert, und das bedeutet, wir können keine Pläne machen. Mit meinen Konsistorien besprechen wir gerade, wie es weiter geht, wie das Leben vor Ort aufrechterhalten werden kann. Wie es aber in zwei Monaten aussehen wird, kann niemand sagen. Meine Hoffnung ist, dass sich die Situation entschärft. Auch das wäre möglich.

Was sind Ihre langfristigen Pläne? Können Sie nach Russland zurückkehren?

Dietrich Brauer: Im Moment nicht. Leider gibt es jetzt mehr Fragen als Antworten. Ich distanziere mich klar und öffentlich von diesem Krieg, der nicht nur ein Krieg gegen die Ukraine ist, sondern ein Krieg gegen die Menschlichkeit. Er wird nicht in unserem Namen geführt.

Sie werden am Freitag im Berliner Dom beim Friedensgebet und am Sonntag beim ZDF-Gottesdienst mitwirken. Was ist Ihre Botschaft?

Dietrich Brauer: Es ist eine Friedensbotschaft. Ich wünsche uns einen gerechten Frieden, den wir ernst meinen. In unseren Gottesdiensten kommt das Wort Frieden sehr oft vor. Dieser Frieden wird konkret im Leiden Christi. In der Einsamkeit und Unwissenheit, was die Zukunft bringt. In dem Kelch, den wir trinken müssen, damit ein Neuanfang möglich ist. Die Nähe Gottes wird spürbar bei den Menschen, die für Frieden beten mit den Menschen vor Augen – den weinenden Neugeborenen in den Bunkern, den jungen Soldaten, die sich an der Front befinden und den Müttern, die die Todesnachrichten bekommen. Für dieses Leid haben wir keine Worte. Das ist Passionsgeschichte. Aber auch in dieser Hölle ist eine Hoffnung auf Frieden.

Was trägt Sie in dieser Zeit, was gibt Ihnen Kraft?

Dietrich Brauer: Meine Familie, Freundinnen und Freunde und unsere Partner hier vor Ort. Aber auch die Menschen in Russland, die mutig weiter machen. Eine große Quelle sind die Herrnhuter Losungen, die ich täglich lese. Ich staune, wie das Wort Gottes in der aktuellen Situation zu uns spricht. Das bewegt mich sehr.

Das Gespräch führte Magdalena Smetana

Dietrich Brauer ist russischer lutherischer Theologe. Er ist seit 2011 Bischof der Evangelisch-lutherischen Kirche Europäisches Russland (ELKER) und seit 2014 Erzbischof der Evangelisch-Lutherischen Kirche in Russland (ELKR). Der 39-jährige stammt aus einer russlanddeutschen Familie, die wenige Jahre nach seiner Geburt von Wladiwostok nach Moskau umzog. Dietrich Brauer ist mit der Pfarrerin Tatjana Petrenko verheiratet und hat drei Kinder.

Quelle:
https://www.elk-wue.de/news/2022/17032022-ein-krieg-gegen-die-menschlichkeit

Lightning Source UK Ltd.
Milton Keynes UK
UKHW020711130622
404345UK00010B/1045